KB090512

세느강에서 낯설게 생각을 벗다

방운규 지음

여행,
낯섦의 이해와 수용

2019년 7월, 그리고 12월. 아찔한 시차다. 그해 7월은 가족들과 함께 유럽 여행을 하던 때이고 12월은 코로나-19 감염병이 전 세계로 퍼지기 시작하던 때였으니 말이다. 감동이 채 가라앉기도 전에 악몽이 들이닥쳤으니, 기회를 미루었다면 여행은 끝내 물거품이 되었을 것이다. 그러니 유럽 여행(파리-프라하-비엔나-취리히)은 엄청난 행운이었다.

유럽 여행과 코로나 감염병은 아무런 관련이 없다. 그러나 여행의 감동은 코로나 상황을 극복하는 데 큰 힘이 되고 있다. 여행의 추억은 든든한 면역력이 되어 코로나 감염병의 고통을 덜어 주기 때문이다. 이것은 어쩌면 백신보다도 더 큰 효능을 발휘하는지도 모른다.

여권을 서랍에 넣어 둔 지 3년이 지났다. 적지 않게 시간이 흘렀기에 그때의 감격이 점점 흐릿해지고 있다. 사진을 보며 당시의 시간으로 돌아갈 수 있겠으나 기억의 공간에서 벽지처럼 바래 가는 여행 느낌을 되돌릴 수는 없을 것이다. 설령 되돌릴 수 있다 하더라도 여행의 의미는 결코 퇴색하지 않으리라 본다.

여행은 멀리 집을 떠나 여기저기 둘러보는 특별한 경험이다. 낯선 자연과 사람들, 그리고 그들의 낯선 생각과 생활 양식을 두루 이해하고 받아들이는 경건한 의례다. 이 과정에서 느낌이 일어나는데, 이것은 낯섦의 이해와 수용을 촉진하는 매개체가 된다. 미지의 세계를 체험하는 여행은 자신을 성숙한 자아로 인도하는 고귀한 정신 활동이라고 할 수 있다.

여행은 발품을 외면하지 않는다. 그래서일까? 발길 닿는 곳마다 귀한 글감을 안겨주었다. 구경하며 찍은 사진과 그때그때 기록해 놓은 느낌을 바탕으로 원고지에 생각의 물길을 내어 글 맥이 뛰도록 했다. 글을 쓴 뒤에 이것을 누구나 쉽게 볼 수 있도록 가상 공간(인터넷)에 올려놓을까 하고 생각해 보았다. 그런데 내키지 같았다. 책으로 펴내야 문장의 힘이 곧아지고 글 내용이 선명하게 드러날 것만 같아서.

가족 여행이었지만, 현장에서 보고 느낀 것은 모두 나의 눈으로 해석한 결과여서 공감할 수 없는 부분이 많을 것이다. '여행은 느낌'이라는 평소의 신념이 글 속에 녹아든 결과라고 본다. 따라서 나의 생각이 사뭇 생소하게 다가올지도 모른다.

이 글을 쓰는 데 있어서 미처 알지 못한 사실들은 여러 경로로 도움을 받았다. 자료 소장자님들께 지면으로 감사 말씀을 드린다. 인용 표지는, 이 글이 여행 산문인 점을 고려하여 본문에 하지 않고 글 뒤에 따로 마련해 두었다. 집필은 맞춤법 규정에 따랐으되, 파리의 '센강'과 오스트리아의 '빈'은 발음을 고려하여 외래어 표기법을 따르지 않고 편의상 '세느강'과 '비엔나'로 각각 표기했다.

여행길 함께했던 그리운 얼굴들, 회상의 먹을 갈아 책머리에 그려본다. 초대형 선박 설계처럼 여행 계획을 치밀하게 준비해 알찬 여행을 할 수 있도록 해준 거제의 동서, 여행 일정을 꼼꼼히 점검하고 뒷바라지해 준 처형과 처제들, 어려운 일들을 듬직하게 해결하며 빡빡한 일정을 거뜬히 소화해 낸 조카들 모두에게 고마움을 전한다. 여행의 동기를 제공하고 유럽 문화의 전체 맥락을 이해하는 데 도움을 준 아들, 그리고 여행 이야기를 책으로 출간할 수 있도록 격려하며 세심하게 원고를 다듬어 준 아내에게도 고마움을 전한다. 멀리서 운전하며 달려와 파리 여행을 빛낸 독일 한인회 이완수 회장님께도 감사 말씀을 드린다.

끝으로, 이 책을 내는 데 있어 갈피마다 양서의 기운을 불어넣어 준 도서출판 맑은샘 대표님과 직원들께도 감사 말씀을 드린다.

● ○ ●

CHAPTER·1 프랑스 파리

▶ ▷ ▶

CHAPTER·2 체코 프라하

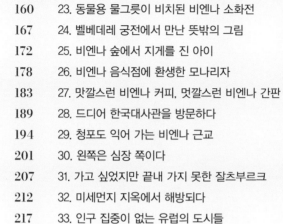

CHAPTER·3 오스트리아 비엔나

CHAPTER·4 스위스 취리히

2019. 7. 30. ~ 8. 9.

CHAPTER · 1

프랑스 파리

7. 30.~8. 2.

● ○ ●

1. 하늘을 날며 글을 쓰다

밤새 잠 설친 여권을 챙겨 탑승 수속을 마친 7월 30일 오전 9시. 인천공항 이륙장에 대기 중인 여객기는 가득 채운 연료를 모두 다 태워 버릴 기세로 엔진 출력을 최고로 높였다. 이내 총알처럼 활주로를 박차고 달려나간 여객기는, 승객들의 여행 설렘 양력으로 고도를 힘차게 끌어올렸다. 비행 고도에 진입한 여객기는 곧 수평 비행을 하기 시작했다. 안내 방송이 끝나자 승객들은 안전띠를 풀고 일어나 선반에서 가방을 내려 물건을 꺼내거나 먹을거리를 찾거나 이것저것 무언가를 궁리하며 장거리 체공을 준비했다. 탑승 규정에라도 있는 듯 승객들은 말굽자석 모양의 목베개를 멍에처럼 둘렀다.

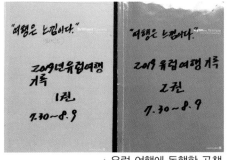

이륙을 했으니 남은 것은 착륙뿐, 도착 공항은 파리 드골공항. 경유지 없이

▲ 유럽 여행에 동행한 공책

직항으로 꼬박 12시간을 날아야 한다. 하루 시간 중 절반을 종이 한 장 크기의 의자에 앉아 자석처럼 들러붙어 있어야 한다. 본격적인 여행에 앞서 인내심을 검증하는 혹독한 과정이라 할 수 있다.

300여 명의 승객 대부분은 한국인들로 보였다. 간편한 옷차림으로 보아 해외여행을 떠나는 것 같았다. 즐거운 표정들이 달아올라 얼굴마다 진하게 번져 있었다. 어서 파리에 도착해 신나게 구경을 했으면 하는 설렘 때문이었을 것이다. 여행은 일상생활의 울타리를 벗어나 낯선 것들을 보고 들으며 느끼는 소중한 일탈의 기회다. 여행을 계획하고 떠날 날을 손꼽아 기다리는 까닭이 여기에 있다.

내 자리는 가족들과 떨어진 곳이었다. 항공권을 그렇게 끊을 수밖에 없었기에 내가 자리를 앞쪽으로 옮겨 앉은 것이다. 12시간의 이산가족 신세가 되었다. 창가로 좌석 세 개가 있는데 내 좌석은 통로 쪽이었다. 창가 쪽 두 승객을 보니 직장인으로 보이는 여성들이었다. 필연적으로 장시간 옆에 앉아서 가야 함을 의식한 나는 그녀들에게 먼저 인사를 했다. 물론 인사 없이 그냥 갈 수도 있다. 그러나 대화 없는 동행은 탑승의 즐거움을 괴로움으로 바꿀 수 있다. 나의 인사에 그녀들도 반갑게 응답했다. 어디에 가냐고 물었더니 북아프리카 모로코에 간다고 했다. 파리 공항에서 환승해 3시간 더 가야 한다고.

승객들은 본격적으로 자기만의 시간을 보내기 시작했다. 좌석 등받이에 있는 액정 화면으로 영화를 보거나 음악을 듣거나 게임을 하거나 휴대전화기를 보거나. 나처럼 기기에 익숙하지 않은 사람들은 비행경로 및 현 위치를 나타내는 지도와 실시간 영상 정보를 보기도 했다. 이런 것은 비행 무료함을 달래 주는 데 도움이 될 것이다.

그렇게 2시간이 지날 무렵이었다. 승무원들이 기내식을 내왔다. 우리가 탄 비행기는 프랑스 국적기였는데 음식은 한식과 프랑스 음식 두 가지였다. 나는 한식을 선택했다. 밥심으로 여행 체력을 다지기 위해서. 비빔밥과 각종 양념, 간장 종지 같은 그릇에 담은 된장국, 그리고 플라스틱 숟가락 등이 서류 봉투 크기만 한 등받이 식탁에 꽉 들어찼다. 잘못하면 엎질러지거나 바닥으로 떨어질 것만 같았다. 공간 제약이 여간 심하지 않아 팔의 각도를 세밀하게 계산해야 했다. 그런데 기내 음식이 맛있어서인지 워낙 배고파서였는지 고공 비빔밥은, 기내 화장실 물 흡입처럼 허기진 목구멍 속으로 순식간에 빨려들어갔다. 곁들여 나온 빵과 치즈, 포장 김치는 옆자리에 있는 모로코행 여성들에게 건네주었다. 음식이 낯선 현지에서 도움이 될 것 같아서.

식사를 마치자 승객들은 하나둘 잠을 청하기도 하고 보던 영화를 마저 보기도 했다. 승객들과는 달리 승무원들은 본연의 임무에 전념하였다. 내 좌석 통로는 여성 승무원이 맡았는데 검은 옷을 단정하게 차려입은 그녀는 통로를 오가며 자신의 근무 열정을 환한 미소로 상냥하게 발산하였다. 얼굴에 주름이 잡혀 있는 그녀는 오랫동안 기내 근무를 한 듯 동선과 일 맵시가 깔끔했다. 한 분야 업무 능력이 뛰어난 사람을 뜻하는 프랑스어 '베테랑vétéran'이 어디에서 유래되었는지는 알 수 없지만, 아마도 그 여성 승무원처럼 관록이 묻어나는 사람을 가리키는 데서 비롯된 것이 아닐까 싶었다. 그녀의 노련함이 장거리 비행을 편안하게 해 줄 것만 같았다.

6시간이 지났다. 북극 항로를 통과하는 여객기가 중국과 몽골을 거쳐 러시아로 진입해 비행하였다. 창밖은 출발 때부터 내내 낮이다. 여객기는 태양을 좇는 새와 같이 눈부신 여름 하늘을 날고 있다. 비행 항로는 인천에서 파리까지이니 동쪽에서 서쪽 방향으로 나는 것이다. 지구의 자전 방향이 서쪽에서 동쪽인 점을 보면 우리가 탄 비행기는 그 반대 방향으로 가고 있는 것. 지구의 시간이 자전과 관련된 것이므로 비행기를 타고 자전의 반대 방향으로 간다면 시간의 영향을 받지 않을 수도 있지 않을까? 여기에 초능력 작용이 일어나 평소에 생각하지 못한 것들이 마구 솟구쳐 오른다면?

엉뚱한 생각을 하는 동안 잠자는 승객들이 부쩍 늘었다. 눈만 감거나 안대를 걸치거나 티베트 라싸 승려의 승복 같은 다홍색 기내 담요를 망토처럼 어깨에 걸치거나 아예 머리까지 푹 뒤집어쓰거나 하며. 담요를 머리에 뒤집어쓴 모습이 마치 숲속 가랑잎 사이에서 자태를 뽐내며 피어나는 노랑망태버섯 같았다. 모든 것이 갇힌 기내 공간에서 보는 것과 먹는 것은 지루한 비행에 도움을 준다. 그러나 이런 것들은 시간이 흐를수록 효능이 떨어진다. 여행 설렘도 마찬가지다. 이것은 탑승 후 얼마 동안은 최고조에 이르다 시간이 지나면 난기류를 만난 기체가 급강하하듯 급격히 떨어진다.

인내 한계점에 도달한 듯 몸이 여기저기 근질거리고 비틀린다. 비틀림이 심해지더니 이내 꼬인다. 통증이 엄습한다. 통증이 가장 심한 곳은 엉덩이 꼬리뼈. 긴 시간 한자리에 앉아 있기에 엉덩이 꼬리뼈를 압박한다. 드디어 시작된 말기 통증. 꼬리뼈 짓누름은 인류의 아주 먼 과거 모습, 사람이 다른 동물처럼 꼬리가 있었던 시절, 그 퇴화 흔적을 되새김질하게 하였다. 승객들 얼굴에는 차츰 즐거움이 지워지고 지루함이 번지고 있는 듯했다. 내 옆의 두 여성은 머리를 등받이 탁자에 올려놓고 잠을 자고 있다.

형형색색 깜찍한 목베개를 베고 잠을 자는 사람들을 보니 마냥 부러웠다. 목베개의 탁월한 효능 때문일까? 비행 소음을 용케도 차단하고 꿀잠을 잘 수 있는 신경 조절 능력이 대단해 보였다. 아무리 피곤해도 체질상 낮잠을 잘 수 없는 나. 그 부러운 모습에 2008년 중국에서의 일을 떠올렸다. 교환 교수로 중국 대학에서 한국어 강의를 할 때였다. 중국에서는 모든 학생과 교직원들이 점심을 먹고 2시간 정도 낮잠을 자는데 나는 그 혜택을 반납해야 했다. 정적에 휩싸인 드넓은 대학 공간에서 나 혼자 말똥말똥 깨어 있어야 한다는 생각에 속이 내내 더부룩하였다.

이럴 때 기내 기압과 산소량을 조절하여 승객을 편히 잠들게 할 수 있는 장치가 있다면? 그러면 겨울잠을 자는 동물처럼 나 같은 사람들이 쉽게 잠에 곯아떨어져 편하게 공항에 도착할 것이다. 세상은 남다른 생각 하나로 변화될 수도 있는 만큼 이런 일은 언젠가 실현되리라 싶었다.

남은 시간을 어떻게 보내야 할까? 점점 더 심해지는 말기 꼬리뼈 통증을 이겨낼 수 있는 방법을 궁리해 보았지만 신통한 방법은 찾지 못했다. 물론 방법은 있다. 화장실 이용이다. 눈치 안 보고 마음껏 기내를 활보할 수 있는 유일한 시간. 그렇다 하더라도 효과는 몇 분에 지나지 않는다. 한번 시작된 꼬리뼈 통증은, 대중적 고통 완화 방법인 화장실 이용만으로는 해결되지 않는다. 진통의 효과가 별로였다. 파리에 도착할 때까지 이대로 통증을 안고 가야 한다.

편하게 의자에 앉아서 가는데 왜 갈수록 불편할까? 절대로 편하지 않은 의자 기능의 역설, 엉덩이에 집중되었던 통증이 허리께로 스멀스멀 기어오른다. 온몸을 장악하려는 듯 통증이 빠르게 전이되었다. 유럽 여행은 이런 나에게 무엇으로 보답을 할까? 눈을 감아 보았다. 그래도 아픔은 진정되지 않았다. 다시 눈을 떴다. 화면은 여전히 비행경로 안내에 충실하고 있다.

화면에 너무 시달린 탓이었을까? 눈이 소금물에 닿은 것처럼 따가웠다. 잠시 통로 건너편 화면으로 눈을 돌렸다. 그런데 화면에서는 영화가 절찬리에 상영 중이었다. 관객은 한 명, 무슨 영화인가 하고 관심의 눈길로 화면을 당겨 보았더니 낯익은 배우가 흑백 무성의 은막에서 열연을 펼치고 있었다. 익살스러운 외모였다. 도토리 꼬투리를 걸친 듯

한 작은 중절모, 먹물 한 점 찍어 바른 듯한 새까만 콧수염, 배냇저고리를 입은 듯 꽉 조인 윗도리, 거기에다 뱀 허물처럼 길고 헐렁한 바지, 수영 오리발처럼 크고 쭈글쭈글한 낡은 구두, 전체적으로 보아 상체는 짧고 하체는 긴 상단하장의 부조화, 그리고 우수에 젖은 얼굴. 이쯤 하면 그가 누구인지 눈치챘을 것이다. 바로 찰리 채플린^{Charles Chaplin,} ^{1889~1977}이었다.

기계화에 소외된 인간의 비극적 상황, 채플린은 무거운 주제를 특유의 우스꽝스러운 연기로 소화해 냈다. 고공 영화관에서 무성의 짧은 흑백 영화 몇 편이 책장 넘어가듯 빠르게 지나갔다. 나는 그의 연기를 보면서 애써 웃음을 참았다. 화면 주인에게 들키지 않으려고 말이다. 양해를 구하지 않고 보고 있었기 때문에. 킥킥거리며 영화를 훔쳐보다 화면 주인이 알아차린다면 그는 바로 영화 상영을 중단할 수도 있을 것이라는 생각이 들어서였다. 어쨌든 이런 영화 감상은 집중도가 높다. 훔쳐보는 재미가 쏠쏠하기 때문에.

채플린 영화에 마취된 탓이었을까? 통증이 좀 가라앉은 것 같았다. 이제 남은 도착 시간은 3시간 정도. 많이 줄어들었지만 그래도 더 날아야 한다. 3시간의 공중 부

▲ 찰리 채플린 _ 출처: 나무위키

양, 무엇을 하며 보내야 할까? 지루함은 승무원이 건네준 사탕으로도 가셔지지 않았다. 지루함이 다리까지 퍼져 쥐가 날 것만 같았다. 시간과 공간에 구속될 수밖에 없는 이동의 고통, 이것을 줄일 수 있는 방법이 이제는 그리 마땅하지 않다. 여기에다 백색 소음을 뛰어넘는, 송곳처럼 귀를 찌르는 엔진 소음.

그때였다. 잠을 자던 옆자리 여성들이 탁자에서 머리를 들더니 부스럭거렸다. 창가의 여성은 잠을 자다 무슨 영감이라도 얻은 듯 성경책을 꺼내 공책에 베껴 쓰기 시작했다. 내 옆의 여성은 공책에 적은 것을 보며 무언가를 읊조렸다. 무엇이냐고 했더니 모로코 인사말과 관광에 필요한 것을 외우는 중이라고 했다. 여행 준비를 하는 그녀들을 보며 재미있고 유익한 모로코 여행이 되기를 바란다고 말했다.

그러면 나는? 그냥은 안 되겠다 싶어 결심을 했다. 글을 쓰기로 했다. 글 한 편 완성할 수는 없겠지만, 따분하고 답답한 마음을 날려 보내고 싶어 글을 쓰기로 했다. 그런데 정작 필기구가 없었다. 가져오기는 했는데 화물칸에 들어 있으니 무용지물이었다. 할 수 없이 옆의 승객에게 부탁을 했다. 쾌히 필기구와 종이 한 장을 건네주었다. 나는 고마운 마음을 뾰족하게 깎아 한 줄 한 줄 생각을 메워나갔다.

"이 글쓰기는 내가 경험한 것 중 가장 높은 곳에서 이루어지고 있는 신성한 정신 활동이다. 한 자 한 자 글을 쓰는 동안 나의 정신은 대기권의 공간처럼 맑고 영롱하다. 그래, 이렇게 시간은 흐르고 있다. 비행 시간의 무료함을 글쓰기로 지우고 있다. 고도 1만 미터 상공, 그러나 여기에는 산소가 부족하지 않다. 그래서 정신이 맑다. 작가들이 글을 쓰지 못할 때 비행기를 타고 장거리 여행을 하며 글을 쓰면 보다 창의성 있는 글을 쓸 수도 있으리라."

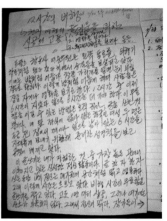
▲ 파리행 여객기에서 쓴 글

비행기에서의 글쓰기는 새로운 경험이었다. 이것은 비행기를 타고 오랫동안 가야만 할 때 지루한 시간을 생산적으로 활용할 수 있는 방법이라고 본다. 거금을 들여 비행기에서 글을 쓴다는 것은 사치스러운 일로 보일 수 있다. 그러나 이 특별한 일은 분명히 창의성 제고에 도움을 줄 수 있고 오래오래 기억에 남을 것이다. 평소에 글을 쓰다가 잘 쓰이지 않을 때 비행기를 타고 글을 쓰면 분명히 멋진 글이 나올 것이다. 12시간 정도의 장거리 하늘 이동에서 비행기가 이륙하자마자 글을 쓰기 시작하면 착륙 때 멋진 글 하나 완성하리라 본다. 글을 공책에다, 그것도 아끼는 필기구로 쓰다 보면 명문장들의 의미가 행간마다 빛날 것이다. 나는 파리로 가는 여름 하늘에서 글을 썼다, 난생처음.

2. 파리 첫날의 악몽

7월 30일 오후 2시. 12시간 긴 고행 끝에 드디어 파리 드골공항에 도착했다. 유럽 여행의 첫 관문, 프랑스 파리. 입국 수속을 마친 가족 여행단은 짐을 찾아 공항 밖으로 나왔다. 예약한 호텔로 가려면 기차를 타고 가야 했는데 초행길에다 시간도 많이 들고 무엇보다도 절도 피해를 예방하려고 돈이 더 들더라도 택시로 이동하기로 했다. 조카들이 영어를 잘해서 교통수단을 이용하는 데 아무런 문제가 없었다. 가족이 10명이어서 다인승 택시 두 대로 나누어 타고 파리로 갔다.

도착한 호텔은 시내와 좀 떨어진 곳이었다. 우리와 아직 합류하지 않은 동서가 예약한 호텔이었는데 시내에 잡지 않은 까닭은 숙박비 때문이었다. 호텔 숙박비가 너무 비싸면 그만큼 여행 경비가 늘어나기에 잠자는 데 불편함이 없을 정도의 호텔을 예약했던 것. 호텔은 고풍미가 풍기는 5층 규모의 건물이었다. 우리는 예약을 확인하고 배정한 방으로 들어가 짐을 풀었다. 이후의 의사소통은 단톡방 문자로 하기로 했다.

방은 작아서 좀 답답했다. 그러나 먼 곳으로 잠만 자러 온 것이 아닌 이상 방의 크기는 문제가 될 수 없었다. 방이 작더라도 여행의 피로를 풀 수 있으면 그만 아니겠는가? 나와 아내는 가방 두 개를 풀어 물건들을 확인하고 잠근 뒤 마주 세워 놓았다. 가방들은 무거운 몸으로 먼 길 오느라 지친 듯 축 처졌다. 고생한 가방들, 꿀맛 같은 휴식이 필요했다. 오후 일정을 소화하기 위해 방을 나왔다. 방 열쇠는 플라스틱으로 되어 있었는데 전자식이 아닌, 구멍 몇 개를 낸 것이었다. 이것을 열쇠 구멍에 꽂으니 문이 잘 잠겼다.

구경에 앞서 오스트리아 한국대사관에서 근무하는 아들의 여행 지침에 따라 단단히 준비를 했다. 여권과 지갑을 직원에게 맡기지 않고 로비 한쪽에 있는 금고에 넣어 두었다. 다른 것은 분실해도 여권만은 분실하거나 도난당해서는 안 된다는 아들의 거듭된 주의와 권고에 따른 것이었다. 휴대전화도 만반의 준비를 했다. 출국 전 아내는 휴대전화 소매치기를 예방하기 위해 손목 줄을 구입했는데 이것을 여행 상비품인 양 가족들에게 하나씩 나눠주었다. 거추장스러워도 한국 상황과 다르니 어쩔 수 없는 일 아닌가? 지금 여기는 외국, 프랑스 파리다.

긴장된 첫 외출(현지 시각 오후 5시 30분, 한국 시각 밤 12시 30분). 파리의 날씨는 한국의 초가을처럼 바람이 차가웠다. 거리의 가로수는 심한 가뭄 탓에 더 이상 버티지 못하고 가을 낙엽처럼 떨어져 길 위에 뒹굴고 있었다. 한국의 찜통더위는 싹 가시고 오히려 쌀쌀함마저 느껴졌다. 이런 파리를 낯설게 걸어가는 가족 여행단. 누가 봐도 동양인임을 대번에 알 수 있는 외모와 말소리. 건장한 조카들 세 명이 앞장서서 우리를 호위하며 수색병처럼 앞으로 걸어나갔다. 그 든든한 모습에 긴장감이 누그러졌다. 거리는 바둑판처럼 시원하게 뻗어 있었다. 집들은 그리 높지 않았다. 프랑스 전통 건축 양식인 5층 건물이 대부분이었다. 지나가는 사람들이 호기심 어린 눈빛으로 이방인들을 바라보았다.

한 시간 정도 맛보기 구경을 했다. 장시간의 비행과 낯선 곳 탐방으로 피로가 몰려와 걷기 힘들어질 즈음 저녁 식사를 하기로 했다. 파리에서의 첫 식사, 음식점에 들어가 각자 취향대로 먹을 것을 주문했다. 맥주도 곁들였다. 빵과 고기가 음식의 대부분이었다. 현지 음식에 맞춰야 하는 상황이었기에 긴장도 풀 겸 맥주를 마시며 파리에서 첫 식사를 했다.

▲ 심한 가뭄으로 도로에 나뒹구는 낙엽

호텔로 돌아와 다음날 일정을 확인하고는 방으로 들어왔다. 방에 들어서니 피로가 절정이었다. 창밖엔 파리의 낯선 어둠이 깔리기 시작했다. 그대로 눈을 감고 싶었다(밤 9시). 잠을 자야 할 때를 훨씬 넘긴 것. 물건을 꺼내기 위해 세워 놓은 가방을 바닥에 뉘었다. 그런데 아주 이상한 일이 벌어졌다. 큰 가방 자물쇠 연결 고리(자물쇠와 지퍼를 연결하는 고리) 두 개가 바닥으로 툭 떨어지는 것이 아닌가? 분명히 잘 잠겨 있었는데 말이다. 이해할 수 없는 광경을 지켜본 아내는 "어떻게 했기에 이렇게 됐느냐?"며 질책했다. 억울했지만 아내 말에 반박을 할 수 없었다, 즐거운 여행을 위해서. 장시간 비행으로 극도로 피곤했지만, 가방을 잠글 때 어떤 초인적인 힘이 생겨 이렇게 되었겠지 하면서 생각의 방향을 돌렸다. 그럼에도 한편으로는 의심스럽기 그지없었다. '그럴 리 없어. 그럴 리 없어.' 확신에 찬 의심을 벌컥벌컥 들이켰다.

그때였다. 처형이 "큰일 났어. 캐리어가 망가졌어."라는 글을 올렸다. 아니, 우리 가방만이 아니었단 말인가? 다들 로비로 내려오라고 했다. 내려가 보니 가족들 모두 불안한 모습이 역력했다. 처형네 가방은 누군가 칼로 찢어내고 연결고리를 떼어 냈다는 것. 처형은 처참하게 찢어진 가방을 사진 찍어 대화방에 올렸다. 서울과 오스트리아 비엔나에서 즉각 반응이 나왔다. 분명한 사실은 누군가 방에 들어와 가방을 열어보았다는 것.

다시 방으로 들어와 작은 가방을 확인했다. 그 가방도 역시나였다. 연결 고리 두 개가 가방에서 무른 포도알 떨어지듯 바닥으로 맥없이 낙하했다. 가방들을 자세히 보니 모두 지퍼 쪽 고리 이음 부분이 붕어 입처럼 벌어져 있었다. 단단히 고정되어 손으로는 도저히 벌릴 수 없는 그 부분이 헐렁하게 벌어져 있었다. 괴한이 방에 들어와 연결 부분을 벌려 가방을 열어본 뒤 닫고 나간 것임에 틀림없었다. 처형네 가방은 아예 칼로 찢고 열어 본 것. 가방들, 얼마나 무서웠을까? 주인만을 믿고 여행에 따라 나섰다가 칼부림을 당한 가방들을 보니 안타깝기 그지 없었다. 어찌 이런 일이 호텔에서 일어날 수 있단 말인가? 침입자가 노린 것은 여권이나 귀중품이었을 터. 하늘이 도와 여권은 금고에 안전하게 보관했으니 그나마 천만다행이었다.

그래도 현실은 현실, 방 4개 중 두 곳이 털린 동시다발 비상사태였다. 가족들 모두 가방을 챙겨 프런트로 내려왔다. 얼굴마다 극도의 두려움이 식은땀처럼 창백하게 흘러내렸다. 초등생 조카의 얼굴이 진하

▲▲ 괴한에게 칼부림을 당한 가방들　　　　　　▲ 훼손된 처형네 가방

게 좁여진 간장 빛처럼 어두웠다. 가족들, 졸지에 여행 난민 처지가 된 셈이었다. 이곳에서는 도저히 잠을 잘 수 없다는 의견이 모아졌다. 우리 의견을 조카가 담당 직원에게 말하고 항의했다. 그러나 직원은 자신도 모르는 일이라며 소극적인 태도로 변명했다. 호텔 내부의 감시 카메라 동영상을 보자고 했으나 카메라를 설치하지 않아 누구의 소행인지 알 수 없다고 했다. 우리는 괴한이 침입한 호텔에서 무섭고 불안해 투숙할 수 없다고 하면서 다른 호텔을 마련해 달라고 강력히 요구했다. 호텔은 세계적인 규모의 숙박업을 하고 있는 이름 있는 회사. 이런 호텔에서 가방 훼손 사건이 벌어지다니! 무엇보다도 투숙객들의 신변 안전을 위해 최고의 보안을 유지해야 할 호텔에서 방문이 훼손되고 가방이 털린 사실에 분노가 치밀어 올랐다.

이 사건을 확인한 서울 동서가 바로 호텔 본사로 전화해 항의했고, 비엔나에서는 아들이 사건 해결을 위한 행동 요령을 알려 주었다. 파리, 서울, 비엔나 세 곳에서 지혜를 모아 방법을 찾아 나선 것. 이제는 잠이고 뭐고 신경을 쓸 겨를이 없었다. 문제를 해결해서 벌벌 떨고 있는 여행 난민들을 안전한 곳으로 옮겨 주는 일뿐이었다.

사건은 어떻게 해결될 것일까? 불안감이 자꾸만 치솟았다. 그때였다. 아프리카 전통 의상인 통옷을 입은 한 흑인 남자가 맨발로 계단을 뛰어내려와 주먹으로 프런트 책상을 쾅쾅 내리치며 담당 직원한테 뭔가를 항의하기 시작했다. 가뜩이나 불안해 떨고 있는데 고래고래 소리지르며 소란을 피우고 있으니 착잡하기 이를 데 없었다. 얼굴 표정으로 보아 무슨 불만을 쏟아내고 있음이 분명했으나 그의 프랑스어를 알아들을 수 없었다. 우리 가방 훼손 사건을 전혀 알지 못하고 있는 남자, 그 남자의 얼굴이 점점 더 험악해졌다.

그렇게 한참 떠들고 있을 때였다. 흑인 남자의 친구가 나타났다. 그는 영어와 프랑스어를 구사할 수 있었다. 이때다 싶어 조카가 상황을 비집고 들어가 그 사람에게 영어로 자초지종을 물어보았다. 그랬더니 강력하게 항의했던 남자가 방에서 시계와 목걸이를 도난당했다는 것이었다. 알고 보니 우리보다도 더 큰 피해를 입었던 것. 피해 차이는 있었으나, 그 남자와 우리는 금세 동병상련의 사이가 되었다. 우리가 도착한 날이 마침 호텔의 방 털림과 귀중품 도난 연중행사 날인 듯싶었다. 프랑스, 그것도 파리에서 말이다. 사태의 심각성은 가족들을 더욱 심란하게 했다. 우리는 가방만 망가졌을 뿐 도난당한 물건은 없어 다행이었지만, 남자의 귀중품 도난은 우리 가족이 시급히 다른 곳으로 피신해야 할 명분과 당위성을 확실히 충족시켜 주었다. 이름 있는 호텔에서 방이 뚫리고 가방이 뚫리고 여기에다 귀중품까지 털렸으므로.

아들이 적극적인 해결책을 제시해 주었다. 먼저 파리에 있는 한국대사관에 신고해 피해 사실을 알리고 가족들의 신변 안전을 위해 대사관 직원을 현장으로 보내 달라고 요청하라는 것이었다. 아들 말대로 조카가 한국대사관으로 전화 신고를 했다. 대사관 임무는 이런 상황에서 해외 주재 자국민의 신변 안전과 권익을 위해 일을 하는 것이니 믿을 곳은 대사관뿐이었다. 지난 5월 헝가리에서 유람선을 타고 관광을 하던 한국인들이 배가 침몰하는 바람에 많은 사람들이 사망한 참사가 발생했었다. 그때 헝가리 주재 한국대사관과 인접 국가 주재 한국대사관 직원들이 즉시 사고 현장으로 달려가 사고를 신속하게 수습한 적이 있었다.

그렇게 사건 수습을 요구한 결과, 호텔 측에선 숙소를 같은 계열사 호텔로 옮겨 주고 내일 아침 지배인이 오면 환불을 검토하겠다는 약속을 했다. 이런 약속을 받아내고 가족들 중 여자들은 차를 타고 대체 호텔로 갔다. 흑인과 우리는 의기투합해 경찰서로 가기로 했다. 귀중품 도난과 가방 훼손 사건을 경찰에 신고하기 위해서였다. 잠을 자야 할 시각(밤 11시)에 파리 경찰서에 가야 하다니!

흑인 두 사람이 먼저 경찰서로 향했다. 나와 조카들도 따라 나섰다. 경찰서는 그리 멀지 않았다. 도착하니 흑인 두 명이 경찰과 이야기를 나누고 있었다. 두꺼운 방탄복을 착용하고 권총을 휴대한 경찰들은 야간 근무를 하러 나설 참이었나 보다. 우리는 경찰서 비상구 쪽에서 사건 경위를 진술했다. 그런데 도난품이 없는 일이라 사건 접수가 안 된다고 했다. 흑인 남자는 귀중품을 도난당해서 사건 접수가 가능하다고 했다. 결정적인 피해 사실이 있어야 사건 접수를 할 수 있다는 그들의 설명이었다. 가방만 털린 것은 접수 대상이 아니라며 단호하게 선을 그었다. 호텔 직원은 물론이거니와 치안을 책임진 경찰한테도 따뜻한 위로의 말 한마디를 들을 수 없었다. 실망의 연속이었다.

할 수 없이 호텔로 돌아왔다. 조금 있으려니 한국인으로 보이는 두 사람이 호텔 안으로 들어섰다. 프랑스 주재 한국대사관 직원들이었다. 마음이 놓였다. 당연한 일이지만, 신속하게 현장에 와 주어서 반갑고 고마웠다. 영사는 프랑스어를 하는 직원과 같이 왔는데 조카가 신고한 내용을 확인하였다. 그런 다음 직원더러 호텔 측에 사건 경위를 다시 한 번 설명하고 사후 대책을 세워줄 것을 요구하라고 지시했다. 대사관 직원은 호텔 근무자에게 그 내용을 전달했다. 영사는 우리에게 프랑스 치안 상황을 알려 주면서 루브르 박물관과 에펠탑 같은 명소에 갈 때는 소매치기를 조심해야 한다고 일러주었다. 구경하는 데 정신을 팔다가는 여권이며 지갑이며 휴대전화기를 도난당할 수 있다는 것.

일이 끝났다. 나는 대사관 직원들에게 진심으로 고맙다고 말했다. 해외여행을 와서 이런 일을 당해 두렵고 난처했는데 사건 현장으로 달려와 적극 도와주어서 마음이 놓인다고 했다. 늦은 밤 파리에서 대한민국 국민이라는 자긍심을 크게 느꼈다. 숙소가 털리는 황당한 일이었으나 대사관 직원들이 현장에 출동해 위로가 되었다. 그들은 돌아가는 길에 우리를 대체 숙소까지 안전하게 바래다주었다.

호텔로 들어서니 가족들이 수고했다며 격려해 주었다(밤 12시). 한국 시각으로 보면 자지도 못하고 꼬박 날을 샌 것이다. 이제는 파리의 시간을 따라야 한다. 쉽게 잠들지 못할 것 같아서 신경안정제를 먹었으나 워낙 긴장한 탓에 약효는 가방 털리듯 완전히 털려 버렸다.

비몽사몽에 일어나니 휴대전화기에 서울에서 동서가 보낸 글이 올라와 있었다. 호텔 본사에서 지난밤 숙박을 포함해서 앞으로 남은 이틀 동안 무료로 호텔 방을 이용할 수 있게 했다는 내용이었다. 이런 결과가 있기까지는 여러 사람의 노력이 돋보였다. 비엔나에서의 사건 해결 방안 제시, 파리에서의 호텔 측에 대한 항의와 한국대사관 신고, 동서의 호텔 본사 항의, 그리고 대사관 직원들의 현장 방문 등이 유기적으로 작용하여 사건을 해결한 것이다. 전혀 예상하지도 못한 파리 호텔에서의 무료 3박. 가족들 모두 마음의 상처를 입었지만, 그나마 호텔 측의 조처로 남은 파리 관광 일정을 계획대로 진행할 수 있었다. 참으로 끔찍했던 파리 첫날의 악몽이었다.

3. 밤새워 파리로 달려온 그분

파리 첫날의 호된 신고식, 호텔 숙소 괴한 침입으로 잠 한숨 못 잤다. 한국의 밤, 파리의 밤 두 곳에서 잠을 못 잔 셈이다. 쌓인 피로로 몸이 천근만근 무거웠다. 그래도 아침을 먹고 본격적인 파리 관광을 나서야 했다. 무거운 눈꺼풀을 쓸어 올리며 지하 식당으로 내려가려던 때, 전화기가 급히 울렸다. 파리에 왔다면서 호텔 위치를 정확히 알려 달라는 내용이었다. 그분의 도착 전화였다.

파리 여행 첫날에 그분이라니? 다름 아닌 독일에서 온 반가운 손님이었다. 독일 뒤셀도르프에서 파리까지 밤새 운전하며 달려온 그분. 내가 잘 알고 있는 독일 교포로 우리 여행에 동행하기 위해 먼 길 마다하지 않고 온 것. 먼길도 천 리가 훨씬 넘는 먼 길. 7시간을 달려 파리까지 왔으니 이만저만한 친분이 아니었다면 오기 힘든 발걸음이었을 것이다.

그분은 독일 한인회 이완수 회장님이었다. 회장님은 이국땅에서 모범적인 교포 상을 확립했을 정도로 생활에 충실하고 자녀들을 훌륭하게 키워 2남 1녀를 모두 출가시켰다. 자녀들은 독일 사회에서 기반을 잡아 남부럽지 않게 잘살고 있다. 차분한 성품에 책임감이 강한 회장님은 한인회를 이끌며 교민 지위 향상을 위해 열정적으로 활동하고 있다. 업무차 고국에도 자주 오는데 베트남 참전 용사들의 보훈 관련 업무를 돕고 있다. 이역만리 떨어져 있음에도 고국 사랑이 꽤나 깊다. 모국의 끈을 놓지 않으려고 자녀들에게 자신의 모국어를 정복케 하였으며, 군대에 가지 않아도 될 아들을 논산 훈련소에 입대시켜 군 복무를 하게 할 정도였다.

회장님을 알고 지낸 지 10년이 훨씬 넘었다. 아들이 고등학교에 입학하던 해 독일어반이 생겨 자원해 들어가 공부했다. 여름 방학에 독일어 연수가 있었는데 그때 원어민 교사로 회장님의 아들이 온 것. 내 아들과 회장님의 아들이 만남의 고리가 되어 인연을 쌓았다.

파리에서의 재회는 지난밤의 피로를 몽땅 씻어내는 일이었다. 여행을 함께하려고 불원천리 달려온 귀한 손님, 얼마나 고맙고 반가운 일인가? 기쁨이 아침 햇살처럼 눈부셨다. 발걸음 가볍게 식당으로 내려갔다. 가족들에게 회장님을 소개하니 모두들 환한 얼굴로 맞이해 주었다.

회장님이 파리까지 오게 된 계기가 있었다. 유럽 여행을 결정하고 준비하던 5월 하순이었다. 동서와 함께 여행 계획을 짰는데 현지에 도착한 다음 승합차 두 대를 빌려 이동하기로 한 것. 여행 경로는 베를린-프라하-비엔나-뮌헨으로 정하고 이들 지역을 차로 다니기로 한 것이다. 이런 계획에 회장님은 차를 가지고 갈 테니 한 대만 빌리라는 것이었다. 베를린에서 합류해 관광을 하자고 했다. 그런 제안을 받고는 나와 동서는 현지에서 운전할 수 있는 국제 운전면허증을 신청했다. 유럽 현지에서 직접 운전하며 자유롭게 이동할 수 있다는 설렘에 기분이 한껏 고조되었다. 우리 가족 여행 편의를 위해 차량 운전 뒷바라지를 마다하지 않는 그 너른 마음을 이루 다 헤아릴 수 없었다.

일	월	화	수	목	금	토
		7/30 비행 6시 인천공항집결 9시 05분->14시 10분 총 12시간 비행 16시 30분 호텔 도착	7/31 8시 오르세 미술관 13시 오랑주리 미술관 15시 노트르담 대성당 퐁뇌프 다리 17시 루브르 박물관	8/1 프랑스 8시 현지투어 집결지 이동 베르사유+지베르니 +고흐마을 현지투어 19시 파리 복귀	8/2 9시 에펠탑 12시 생 발리드 로댕 미술관 16시 파리 공항 도착 18시 05분 -> 19시 45분 프라하 도착	8/3 체코 프라하 시내 관광 17시 비엔나로 이동
8/4 오스트리아 비엔나 시내 관광	8/5 잘츠부르크 관광	8/6 11시 비엔나 공항 도착 13시 05분->14시 25분	8/7 스위스 취리히 시내 +융프라우 관광	8/8 비행 6시 취리히 공항 도착 7시 45분 -> 9시 10분 파리 경유 13시 10분->익일7시15분	8/9 7시 15분 인천공항 도착	

▲ 유럽 여행 계획안

그런데 마음에 변화가 생겼다. "차를 가지고 함께 여행을 하겠다." 고 말한 회장님의 동행 제안은 너무도 과분한 것이었다. 아무리 가까운 사이라도 호의를 수용하기에는 현실적으로 여러 문제가 있었기 때문이다. 무엇보다도 회장님의 이동 거리가 너무 멀다는 점이었다. 국경을 넘나드는 며칠간의 머나먼 이동이 부담스러웠다. 국내 여행도 여러날 운전하며 돌아다니면 힘들어 지친다. 하물며 이 나라 저 나라 여러곳을 쉬지 않고 운전하는 유럽의 경우는 말할 나위가 없다. 마음의 부담이 갈수록 커졌다.

그런 호의를 아무 생각 없이 덥석 받아들인 일이 부끄러웠다. 회장님의 고마움을 가슴 깊이 간직하며 양해를 바라는 글을 전했다. 온정을 받아들일 수 없는 현실적 어려움을 설명하며 서운한 마음을 거두어 주기를 바라는 내용이었다. 여기에 변경한 여행 계획을 첨부했는데 경로는 파리-프라하-비엔나-취리히였다. 파리-프라하, 비엔나-취리히는 비행기로 이동하고 프라하-비엔나는 기차로 이동하는 것이었다.

변경된 이동 경로에서 차량 이동을 없앤 것은 현지 사정에 익숙하지 못했기 때문이었다. 아무리 운전 경력이 오래되었다고 하더라도 길 낯선 외국에서 운전을 한다는 것은 말처럼 쉬운 일이 아니다. 도로 사정을 비롯하여 운전 상황이 시시각각으로 변해 어떤 일이 벌어질지 알 수 없거니와 그럴 경우 여행에 큰 차질이 빚어질 수 있다. 이동상의 문제로 여행을 망친다면 가족들 모두에게 엄청난 고생과 실망을 안겨주는 일. 회장님의 호의를 존중하며 다음에 독일 여행을 하면 운전을 꼭 부탁하겠다고 제안을 했다.

이런 마음을 담아 글을 보냈더니 답신이 왔다. 파리만이라도 가서 동행하겠다는 의사였다. 그런데 두 번째 제안은 너무도 확고한 의지여서 차마 거절할 수 없었다. 처음 제안을 거두어들여야 했던 미안한 마음을 앞장세워 7월 31일에 파리에서 만나기로 했다. 여행 계획이 정리되었다. 그래도 여간 미안한 마음이 아니었다.

그렇게 약속을 하고 파리에서 만날 날만 손꼽아 기다리고 있었다. 그런데 파리에 도착하자마자 호텔 괴한 침입 사건이 터진 것이다. 사건을 수습하느라 정신이 하나도 없었다. 겨우 수습책을 마련한 다음 독일로 전화를 해 상황을 설명했다. 그러자 회장님은 알았다면서 바로 출발하겠다고 했다. 그러지 않아도 파리에 오기로 되어 있었는데 사건 급보를 듣고 오게 되었으니 오는 내내 설렘과 걱정이 적잖이 교차했을 것이다.

　　아침 식사를 마치고 본격적인 파리 관광에 나섰다. 처음 일정은 오르세 미술관과 루브르 박물관 관람이었다. 우리는 회장님 차와 우버 택시로 나누어 타고 시내로 향했다. 파리의 하늘이 무척이나 쾌청했다. 시내로 가는 도로에 출근 차량이 많아 주행이 주춤거렸으나 이내 원활한 흐름으로 바뀌었다. 어느새 세느강이 보였다. 강변 도로에 차량이 많아 정체가 되었다. 길마다 출근하는 사람들로 붐볐다. 역동적인 파리 아침의 모습. 좀 더 달리다 보니 불에 탄 건물 하나가 눈에 띄었다. 4월 중순에 불이 난 노트르담 대성당이었다. 첨탑 상부를 잃어버린 대성당이 화상을 입은 채 복구의 손길을 기다리고 있었다.

　　먼저 세느강 옆에 자리한 오르세 미술관을 관람했다. 회장님은 주차 문제가 있어 루브르 박물관 구경을 마칠 때까지 차에서 쉬겠다고 했다. 지난밤 눈 한 번 붙이지 못하고 운전하느라 여간 피곤하지 않았을 터. 오르세 미술관에 이어 루브르 박물관으로 발길을 옮겼다. 관람객들로 발 디딜 틈조차 없는 루브르 박물관은 인산인해 인종 박물관이었다. 관람의 열기로 거대한 찜통 공간이 되었다. 작품들을 제대로 볼 수 있을까? 인내심이 바닥날 즈음 지친 발걸음은 마침내 모나리자 그림 앞에서 멈추었다. 그러나 사람들이 워낙 많아 주마등 구경을 해야 했다.

속성 관람을 마친 뒤 궁전을 내려와 지하 전시실로 가니 피로가 담쟁이덩굴처럼 온몸을 칭칭 감아 버렸다. 기내식 밥심도 어젯밤 호텔 사건으로 체력이 완전히 방전된 몸을 건사하지 못했다. 상대 선수에게 흠씬 두들겨 맞아 쓰러지기 직전인 권투 선수처럼 스스로 내 몸 지탱할 힘이 하나도 없었다. 그냥 바닥에 눕고 싶었다. 가족들한테 호소했다. 숙소로 먼저 돌아가 쉬고 싶다며. 그러자 가족들은 조금만 더 구경하다 가자며 나를 설득했다. 단체 여행에서 이탈할 수도 없는 상황인지라 감상의 초점을 상실한 채 물미역처럼 흐느적거리며 가족들 뒤를 따라다녔다.

두 곳을 구경하고 나니 하루 일정이 끝났다. 숙소로 돌아가는 길, 회장님이 약속 장소에서 대기하고 있었다. 기다리는 동안 피로를 말끔히 털어낸 얼굴이 한층 밝아 보였다. 어서 숙소로 돌아가 저녁을 먹고 일찍 파리의 밤에 적응하고 싶었다. 조카들이 호출한 우버 택시가 도착했다. 아침처럼 두 대로 나눠 타고 숙소로 돌아갔다. 외국 여행을 하면서 지인의 차를 탈 수 있다는 생각을 하니 피로가 싹 풀린 것 같았다.

다음 날 아침, 단체 관광을 하러 집합 장소로 서둘러 갔다. 버스한 대가 한국인 관광객들을 태워 하루 일정으로 베르사유 궁전, 모네가 활동한 지베르니, 고흐가 생을 마감한 오베르 쉬즈 오아즈를 둘러보는 단체 관광이었다. 버스로 이동하기에 차는 숙소에 두고 갔다. 버스에 오르니 한국인 여성 해설자 두 명이 있었다. 파리에서 유학하거나 체류하면서 관광 해설을 하며 생활하고 있는 것으로 보였다.

먼저 간 곳은 베르사유 궁전이었다. 프랑스에서 가장 화려한 궁전임을 보여 주려는 듯 궁전 앞 광장에는 관광객들로 붐볐다. 시간을 정해 구경을 마치고 다시 광장으로 모이는 것이었다. 흩어져 구경하다가 회장님과 궁전 뒤 정원으로 갔다. 야트막한 언덕 아래로 호수와 숲속 사냥터가 가늠할 수 없을 정도로 멀리 펼쳐져 있었다. 규모

▲ 에펠탑을 배경으로 회장님과 함께

도 규모려니와 정원에 설치된 분수대와 각종 석조상, 그리고 꽃과 나무들이 궁전 외부를 격조 있게 장식했다.

8월 첫날, 가을볕인 양 볕이 제법 따가웠다. 그늘이 있는 궁전 기단에 앉았다. 바람이 꽤나 시원했다. 베르사유 궁전의 망중한, 호수의 물

빛처럼 푸르게 펼쳐진 하늘을 바라보며 이야기를 나누었다. 자식 이야기, 독일 이야기, 유럽 이야기, 그리고 세상 이야기 등. 우리는 진솔하게 이야기를 나누는 화자와 청자였다. 회장님은 독일어에 중화된 모국어의 자음과 모음의 음가를 복원해 생각을 배열하였다. 나는 문장의 주어와 서술어 등을 놓치지 않고 귀담아 들었다.

우리는 진정한 대화법을 이미 공유하고 있었다. 혼자서 말을 많이 하기보다는 상대의 말을 하나도 빠짐없이 들어 주는 화법을 이해하고 이것을 실천하는 사람들. 이야기는 화자와 청자의 상호 작용이 균형을 통해 이루어져야 효과적이다. 그래야 생각이 제대로 교환되어 소통이 이루어진다. 제비들이 창공을 날아오르는 베르사유 궁전 아래서 나눈 이야기는, 카페에서 커피를 마시며 나누는 이야기하고는 의미가 달랐다. 회장님이 그렇게도 파리에 오고 싶어 한 이유가 이런 대화를 나누기 위함이 아니었나 싶었다.

오후엔 모네와 고흐의 말년 작품 활동지였던 지베르니와 오베르, 두 곳을 둘러보았다. 각각의 장소에서 모네는 수련을, 고흐는 밀밭을 마지막으로 화폭에 담았다. 인상주의 화풍을 개척한 모네는 광선의 노출에 따른 대상의 순간 인상을 부드럽고 온화한 질감으로 그려 낸 프랑스 화가이며, 후기 인상파에 속하는 고흐는 대상을 거칠면서도 역동적인 질감으로 그려 낸 네덜란드 화가이다. 한 유파에 속하는 모네와 고흐의 그림이 비슷하면서도 다른 까닭은 정신세계가 달랐기 때문일 것이다.

나와 회장님 두 사람이 붓을 들어 동일 대상을 그린다면 어떤 그림이 완성될까? 모네와 고흐의 그림이 다르듯 두 사람의 그림도 다를 것이다. 한국 출신이라는 공통점이 있다고 하더라도 언어와 삶의 공간의 차이로 말이다. 그럼에도 한국과 독일에 사는 두 사람이 10년이 넘도록 좋은 만남을 이어올 수 있었던 것은 서로 다른 정신세계를 이해하려는 마음이 작용했기 때문일 것이다.

2박 3일의 시간이 아쉬움 속으로 다 스며들었다. 8월 2일, 독일로 돌아갈 시간. 회장님은 출발에 앞서 우리 가족들과 인사를 나누었다. 기꺼이 파리 여행에 합류하여 여행 의미를 북돋아 준 은혜를 어찌 다 갚을 수 있을까? 헤어져야 하는 진한 아쉬움이 눈가에 차올랐다. 떠나려는 차를 보면서 독일 귀국길에 동행하고픈 생각이 들었다. 파리에서 우리와 함께했던 신세를 조금이나마 갚고 싶어서였다. 파리는 두 사람의 만남과 헤어짐의 의미를 어떻게 기록할 것인가? 나는 파리 추억의 씨줄과 날줄로 곱게 짠 손수건을 흔들며 차가 보이지 않을 때까지 그분을 멀리 배웅했다.

▼ 베르사유 궁전의 맑은 하늘

4. 오르세 미술관의 잔혹한 그림 한 점

파리에 도착한 다음 날, 오르세 미술관에서 작품을 감상했다. 이 미술관은 기차역을 개조한 것인데 건물 중앙에 거대한 반원형 철골 구조물이 그대로 남아 있어 기차역 분위기를 살리고 있음은 물론이거니와 미술관 개성을 잘 드러내고 있었다. 기차역을 미술관으로 바꾼 발상의 전환이 돋보였다.

우리는 여럿이 몰려다니며 작품을 구경하는 대신 시간을 정해 놓고 각자 흩어져 취향대로 작품을 보기로 했다. 이러한 방식은 관람의 효율성을 극대화할 수 있다는 점에서 바람직하다. 시간에 맞춰 구경을 하고 미술관 출구에서 만나기로 했다.

오르세 미술관에는 유명 작가들의 작품이 전시되어 있었다. 이곳은 명작들의 보고였다. 여기에는 밀레의 〈이삭줍기〉와 〈만종〉, 고흐의 〈자화상〉, 마네의 〈풀밭 위의 점심식사〉 등의 그림과 로댕의 〈생각하는 사람〉 조각품도 있었다. 이들 작품은 당대 작가를 대표하는 것으로, 지금까지 교과서 및 예술 책 도록을 통해 보아왔던 터라 감상의 즐거움이 배가되었다. 간접 감상이 아닌 직접 감상에 따른 충분한 보상이었다.

▲ 세느강을 품고 있는 오르세 미술관

작품 감상은 예술품을 통한 심미적 정서 함양은 물론이거니와 작가의 정신세계를 이해할 수 있는 소중한 경험이다. 따라서 이런 기회가 많으면 많을수록 개인의 작품 감상력은 더욱 향상된다. 또한 작품 속에 녹아 있는 작가의 정신세계와 즐겁게 교류할 수 있다. 우리가 각자 흩어져 감상을 한 것도 이러한 차원에서 마련된 것이라 할 수 있다.

작품은 나의 눈으로 보아야지 남의 눈으로 보아서는 안 된다. 작품의 의미는 공장 상품처럼 기계적으로 생산되지 않는다. 그러므로 '포장된 의미'를 뜯지 말아야 하며 늘 이것을 경계해야 한다. 작품 감상은 느낌의 영역이지 앎을 지향하는 지식의 영역이 아니다. 느낌은 사람마다 다르다. 작품의 느낌도 사람마다 다르다. 서로 다른 느낌을 주는 작품이 좋은 작품이다. 따라서 미술관과 같은 곳에서는 해설을 참고하되 스스로 감상 능력을 키워 나가는 노력이 필요하리라 본다.

진품들을 가득 진열해 놓은 오르세 미술관에서 나는 '포장된 의미'와 '박제된 의미'를 벗겨낼 수 있었다. 모처럼 여유롭게 작품을 감상했다. 그러나 작품이 워낙 많아 다 볼 수 없었다. 정해 놓은 시간을 지켜야 했기에 이곳저곳으로 발길을 옮겼다. 그렇게 발길을 전시실 구석 쪽으로 옮길 때였다. 구석 벽면에 아주 기괴한 그림 한 점이 걸려 있었다. 가로선보다는 세로선이 더 커 보이는 그림이었다. 내 발걸음은 그 그림 앞에서 접착제처럼 들러붙었다. 차마 눈 뜨고 볼 수 없는 잔혹한 그림이었기 때문에.

그림은 어느 궁전 계단에서 북아프리카 전통 복장을 한 남자가 칼을 휘둘러 상대의 목을 베어 바닥에 나뒹굴게 한 장면을 포착해 그린 것이다. 바닥에는 검붉은 피가 흥건하게 고여 있고 증오로 도금된 칼날에는 목이 베인 자의 피가 선명하게 얼룩져 있다. 목을 벤 자의 눈빛이 칼끝에서 증폭되어 바닥에 떨어진 상대방의 머리 위로 쏟아져 내린다. 죽인 자의 살기 어린 웃음이 칼날 끝으로 뚝뚝 떨어진다. 칼날이 더욱 날카롭게 벼려진다. 목을 벤 칼의 바람이 응고되지 않은 채 두 사람 사이를 휘감아 돌고 있다. 두 사람은 친구 사이였을까? 군신 사이였을까? 아니면 철천지원수 사이였을까?

한편, 몸통에서 떨어져 나와 바닥에 곧추선 머리는 아직도 의식이 살아 있는 듯 부릅뜬 두 눈이 칼 쥔 자의 거만한 웃음을 노려보고 있다. 생과 사가 명확히 분리된 머리에서 아직 죽지 않은 의식을 지닌 눈빛이, 죽임의 칼날을 휘두른 자의 눈빛보다 발악적으로 예리하고 강렬하다. 마지막 남아 있는 의식의 눈빛이 칼을 휘두른 자의 눈빛을 단번에 제압하고 살아 있는 목을 자를 것 같다.

이 그림, 누가 그린 것일까? 이런 참혹한 장면도 그림의 대상이 될 수 있을까? 하필이면 왜 이런 그림을 보아야만 했을까? 왜 나만 이런 그림의 덫에 걸려 부들부들 떨어야 할까? 얼른 잔혹한 그림의 자장에서 벗어나려고 했지만 특고압 공포에 감전된 나는 갯골 수렁에 빠진 발처럼 꼼짝달싹 못 했다.

도대체 저 두 사람 무슨 원한의 골이 깊어 저리도 흉측한 일이 벌어졌단 말인가? 화가는 저런 끔찍한 장면을 그려야 할 의무라도 있었던 것일까? 저런 장면을 아무 일 아닌 듯 덤덤하게 그려내는 것이 당대 화가의 예술 정신이었을까? 오르세 미술관이 이 작품을 전시한 것은 인간의 잔인성을 세상에 폭로하려는 작가 정신을 보여 주기 위해서였을까?

겨우 정신을 차려 출구 쪽으로 걸음을 재촉했다. 그림을 사진으로 남겨 놓으려다 그만두었다. 사진을 찍어 저장해 놓으면 그림의 악한 기운이 내 정신을 갈기갈기 찢어 놓을 것만 같았기 때문에. 미술관 출구가 보였다. 갱도 출구처럼 눈부셨다.

5. 오르세 미술관에서의 난감한 사건

뒤가 좀 이상했다. 엉덩이 쪽이었다. 뭔가 축축한 느낌. 액체가 번지는 촉감에 얼른 바지 뒤쪽을 보니 하늘색 바지가 기형적으로 젖어있었다. 물기는 젖은 창호지처럼 아래로 번지다가 멎은 상태였다. 그렇다면 이것의 정체는 무엇이란 말인가? 땀일까? 아니다. 미술관에 냉방을 해 땀이 날 상황은 아니었다. 그러면 남은 추론 선택지 하나는? 설사, 설사였다. 그렇다. 나는 오르세 미술관에서 설사를 한 것이다.

관람객들로 북적거리는 오르세 미술관에서 보기 좋게 물똥을 쌌다. 무의식적 배설을 하필이면 유서 깊은 미술관에서 하다니, 그것도 태어나서 처음으로! 파리에 도착한 지 하루 만에 이런 일을 겪다니! 이런 낭패가 어디에 또 있을까? 그러나 현실은 현실, 미음 같은 체액 분비물이 마려움이라는 배설 예고도 없이 밖으로 마냥 흘러나온 것이었다. 창피함이 두드러기처럼 온몸으로 번졌다.

다행인 것은 가족들 모두 흩어져서 예술 작품을 구경하고 있었기 때문에 비정상적인 생리 결과를 눈치채지 못했다는 점이다. 그렇다 하더라도, 예리한 눈으로 그림과 조각 작품들을 감상하던 국적이 다른 누군가가 내 바지의 이상한 흔적을 목격했을 수도 있다는 생각을 하니 뒤가 더욱 꺼림칙했다. 이 정도로 끝난 것이 천만다행이라던 생각이 갑자기 불안감으로 뒤집혔다.

유럽 여행을 하면서 설사를 하리라고는 전혀 예상을 하지 못했다. 집에서 준비물을 챙길 때 연고와 수면 유도제 같은 상비약은 신경을 써서 가방에 넣었지만 정작 설사약은 마련하지 않았다. 아직까지는 대장에 문제가 없어 생수만 마시면 설사는 걱정하지 않아도 되리라 싶었다. 비행기에서도 생수를 마셨고 이곳에 도착한 뒤에도 줄곧 생수를 마셨다. 물만큼은 철저하게 조심해 마셨던 내가 묽은 분비물에 어찌할 바를 모르는 처량한 신세가 되다니! 정말로 이 추한 꼴을 누가 보지는 않았을까?

'배탈이 나서 묽은 똥을 누는 것', 이것이 설사의 사전적 뜻풀이다. 원인과 결과를 명확하게 정의해 놓았다. 이런 풀이를 나의 경우로 바꾸면 '누는 것'을 '싸는 것'으로 해야 한다. 전자는 의식적인 배설을 뜻하며, 후자는 무의식적인 배설에 속하므로.

그렇다면 배탈의 원인은 무엇이었을까? 쉽게 짐작할 수 있다. 두 가지로 좁힐 수 있는데, 우선은 지난밤에 있었던 호텔 방의 괴한 침입과 가방 훼손 사건이다. 다시 떠올리기조차 싫은 사건. 나는 일을 수습하느라 신경이 바늘 끝처럼 곤두섰었다. 잠 한숨 자지 못했다. 열 명의 가족들이 벌벌 떨며 첫 밤을 설쳤으니 말이다. 어젯밤 최고조의 불안은, 대장 검사 약물처럼 뱃속을 들쑤셔 놓았을 것이다. 대장은 섭취한 음식물 상태에도 예민하게 반응을 하지만 외부 상황에도 민감하게 반응하여 안정된 배설을 방해한다. 간밤 호텔 사건은 긴장이 극에 달해 분명히 대장에 영향을 끼쳤을 것이다.

다른 원인 하나는 바로 조금 전 이곳 미술관에서 있었던 일. 나를 벌벌 떨게 했던 그림 하나, 그 끔찍한 그림 때문이었을지도 모른다. 기억을 그대로 토해 내면 이렇다. 칼을 휘둘러 상대방의 목을 자른 참혹한 장면의 그림. 죽음이 확정된 사람의 목이 바닥에 떨어진 채 두 눈

▲ 오르세 미술관 옥상에 설치된 석조상

부릅뜨고 자신의 목을 벤 상대방의 눈빛을 제압하는 장면을 너무도 섬뜩하게 사실적으로 그린 그림을 차마 눈 뜨고 바라볼 수 없었던 악몽 같은 상황이 대장에 초강력 긴장을 촉진시켰을 것이다. 호텔 사건이 설사의 동인이었다면 목을 자른 그림은 설사 촉진제였다고 할 수 있다.

바지와 속옷의 민망한 감촉, 이런 불쾌감을 더 이상 참을 수 없다고 판단한 뒤 문제를 해결할 수 있는 최적의 장소를 찾아 나섰다. 약한 분화가 있었던 화산, 그러나 언제 또 폭발할지 알 수 없는 화산처럼 나의 대장 분화도 언제 다시 일어날지 모르는 상황이었다. 그러면 사람들의 웃음거리가 될 것임은 뻔한 일. 국제적 망신, 최악의 일이 벌어지고 말 것이다. 서둘러 화장실을 찾아 나섰다. 그때까지 뱃속이여, 제발 좀 민망한 활동을 멈추어다오!

혹시 몰라 손바닥을 쫙 펴고 젖은 바지에 가까이 한 채 발걸음을 조심조심 옮겼다. 다행히도 화장실을 빨리 찾았다. 미술관 출구 쪽에 있었다. 남자 화장실을 확인하고는 들어가자마자 문을 꽉 잠가 버렸다. 좁은 공간의 안도감, 나의 소중한 피난처. 남들에게는 일상적 배설의 공간이지만 나에게는 문제를 해결한 구원의 공간이었다. 이곳은 나만의 공간, 여기서 비정상적인 배설 흔적을 아무도 모르게 감쪽같이 지우리라!

먼저 해야 할 일은 배설 흔적을 지우는 것이었다. 세면대에서 휴지에 물을 묻힌 뒤 좌변기에 앉아 바지와 속옷에 묻은 분비물을 닦았다. 그런 다음 휴지로 물기를 제거했다. 휴지의 흡수력이 뛰어나 일 처리 성과가 예상보다 좋았다. 이것은 비상 상황에서 내가 할 수 있었던 최상의 방법이었다. 젖은 휴지와 마른 휴지의 환상적 기능이 돋보였다. 아내와 가족들은, 화장실에 잠입하여 휴지의 이중 기능을 확인하고 있는 나의 상황을 까마득히 모른 채 명작을 구경하고 있을 것이라는 생각을 하니 기분이 묘하면서도 착잡했다.

그렇게 만감이 교차하던 때였다. 밖에서 문 두드리는 소리가 들렸다. 소리의 크기와 두드리는 속도로 보아 급히 볼일을 보아야 할 사람이라는 생각이 들었다. 나도 즉각 반응했다. 화장실 안에 내가 지금 분명히 존재함을 그의 방식대로 두드려 화답했다. 나의 문 두드림 소리는 다음과 같은 생각이 내포된 것이다. '문밖의 그대여, 기다려 주오. 설사의 흔적을 다 지우고 나면 홀가분하게 즉시 이곳을 비워 주리라. 그러니 조금만 기다려 주오.'

이런 생각이 지워지기도 전에 또 문을 두드렸다. 나도 두드렸다. 변기 물을 내리려다가 참았다. 물 내리는 소리는 배설이 끝나 문을 열고 나가겠다는 의미를 담고 있기 때문이다. 아직 일 처리가 끝나지 않아 체류 시간을 늘리기 위해 설사 환자인 나는 급히 변비 환자로 위장했다. 심한 변비로 시간을 마음대로 끌 수 있는 환자. 이런 생각을 하며 옷 씻기를 서둘렀다. 나의 행동은 저소음으로 진행되어 밖에서는 무음으로 처리되리라고 생각했다. 바로 그때, 또 문을 두드렸다. 짜증의 농도가 강한 소리였다. 나는 또 반사적으로 대응했다. 그러면서 변비 환자라는 생각을 돌연 바꾸었다. 내가 먼저 들어왔으니 내 볼일 다 보고 나가겠노라. 지금 나는 정상이 아니어서 비정상을 정상으로 바꿀 수 있는 화장실 사용 권리를 먼저 점유하고 있는 셈. 이것은 아마도 미술관 관람 규정에도 포함되어 있으리라. 아무튼 나는, 화장실 밖에서 빨리 나오라며 재촉하고 있는 국적 불명의 남자 행동에 인내심을 가지고 무반응으로 대응했다. 급했는지 또 문을 두드렸다. 나는 급히 생각의 밀사를 문밖으로 내보냈다. '그대여, 미안하오. 지금 이 상황에서는 어쩔 수 없소. 나나 그대나 오르세 미술관에서 평생 잊지 못할 희귀한 경험을 공유하기 위해 안간힘을 쓰고 있소. 그러니 원망하지 마시라.'

그 사이 수북했던 휴지가 반으로 줄어들었다. 응급조치가 거의 다 마무리되어 가고 있었다. 화장실 휴지의 놀라운 흡수력 덕분에 바지 색이 거의 정상을 되찾았다. 휴지는 얼룩졌던 내 기분을 말끔하게 빨아들였다. 바지를 고쳐 입고는 일어나 변기 물을 내렸다. 쏴아아, 경쾌한 물 내림 소리.

드디어 문을 열고 화장실, 아니 도피처에서 무사히 탈출했다. 계속 문을 두드렸던 남자가 못마땅한 표정으로 나를 바라보았다. 동양인으로 보이는 남자였다. 가운데 머리가 밤송이처럼 빳빳한 남자는 머리 모양새로 보아 중국인으로 보였다. 나는 미안한 표정으로 그에게 목례를 했다. 그러자 배설 지연으로 분노가 가시지 않은 남자는 금세 화장실로 사라졌다.

뒤가 한결 개운해졌다. 뱃속도 아무런 동요가 없었다. 오르세 미술관의 설사는 여름 소낙비 끝나듯 그렇게 끝났다. 나는 아무 일 없었다는 듯, 지극히 정상의 표정으로 미술관 출구에서 가족들과 가슴 벅찬 재회를 했다.

6. 자유와 평등이 굽이쳐 흐르는 강, 세느강

마치 운하 같았다. 대형 수조에 배를 띄운 인공 구조물 같았다. 세느강 첫 느낌이었다. 강폭은 이런 느낌이 들 정도로 좁았다. 한 100m, 좀 더 늘려 잡는다 해도 150m. 그 이상은 아무래도 무리다. 세느강 강폭은 인공위성 사진을 보고 정확히 측정하여 알 수 있다. 그러나 지금까지 쌓아온 나의 어림셈 경력을 훼손하지 않으려 삼가기로 한다. 세느강이 운하 같다는 생각은 나뿐만이 아니라 이 강을 처음 보는 사람들도 마찬가지일 것이다.

여름 세느강은 옅은 잔디 빛을 띠며 조용히 흐르고 있었다. 강 양쪽 기슭에는 선착장이 자리잡고 있는데 이곳에 유람선이 접안해 관광객들을 태우고는 어디론가 떠났다. 배의 길이가 유난히 긴 유람선 위층 전망석은 빈자리가 거의 없을 정도였다. 유람선은 수상 구경에 들뜬 사람들의 기분을 배의 부력과 추진력으로 변환하며 피라미처럼 물살을 헤쳐 나갔다. 곡선 지붕으로 짐칸을 완전히 덮은 화물선은 가물치처럼 힘차게 지느러미를 움직여 나갔다.

▼ 세느강의 유람선. 멀리 뒤로 보이는 곳은 몽마르뜨 언덕

세느강, 프랑스 동남부에서 발원하여 중북부를 지나 대서양으로 흘러드는 큰 강이다. 파리 북쪽을 가로지르는 이 강은 좁은 강폭에 비해 길이가 780km에 이른다. 우리나라 한강의 길이가 500km 정도임을 떠올려 볼 때 세느강은 결코 크기로 얕잡아 볼 수 있는 강이 아니다. 세느강은 프랑스를 대표하는 강이며, 파리를 세계적인 도시로 빛나게

프랑스 파리

한 강이다. 파리 발전의 원동력인 셈이다.

세느강의 역사를 보여 주려는 듯 강 양쪽엔 내로라할 건축물들이 기품 있게 도열해 있었다. 노트르담 대성당, 루브르 박물관, 오르세 미술관, 오랑주리 미술관, 그리고 평원의 사이프러스 나무처럼 우뚝 선 에펠탑. 지난 4월 보수 공사 때 큰불이 나 지붕을 잃은 노트르담 대성당이 화마의 흔적을 지우고 복원의 힘을 충전하고 있었다.

강물은 자유롭게 흐른다. 상류의 모든 물줄기를 거두어 큰 물줄기가 되어 하류로 흐른다. 강물은 그 어떤 장애물에도 두려워하지 않고 꿋꿋하게 맞서며 가고 싶은 곳으로 길을 만들어 거침없이 흐른다. 강물의 자유로운 흐름은 산도 바위도 막지 못한다. 한번 시작된 흐름은 도중에 멈추는 법이 없다. 구불구불 흘러가며 마른 들녘을 풍요롭게 적셔 준다. 이것이 강의 자유 의지다.

강물은 평등하게 흐른다. 맑은 물과 흐린 물이 어울려 하나의 물줄기를 이룬다. 맑은 물이 흐린 물을 경계하지 않으며 흐린 물이 맑은 물을 시기하지 않는다. 또한 맑은 물이 흐린 물 위로 흐르지 않으며 흐린 물이 맑은 물 위로 흐르지 않는다. 이들 물줄기는 서슴지 않고 서로에게 섞여 중화된다. 어느 특정한 물줄기로 치우치지 않고 균형을 이루는 수평의 세계, 이것이 강의 평등 의지다.

세느강도 이와 같은 모습을 가지고 있다. 자유롭고 평등하게 흐르는 강물의 특성이 물이랑에 반짝거리고 있었다. 폭이 좁은 강을 따라 배들이 다녀 흐름의 방향은 알 수 없었지만 자유와 평등의 관념을 지니고 있음은 분명했다. 무엇에 얽매이지 않고 의지의 결을 자신 있게 드러내 보이며 흐르는 세느강, 물줄기와 물줄기가 자신의 물빛을 내려놓고 서로 하나 되어 흐르는 세느강. 유람선 지나간 흔적을 지우려는 듯 나무 이파리 같은 물비늘이 수면의 악보인 양 잔잔하게 일렁거렸다.

그런데 이러한 두 관념은 강물에만 있는 것이 아니다. 사람한테도 있다. 역사의 시간을 18세기 파리로 돌려 보면 그 흔적을 확인할 수 있다. 1789년 10월, 당시 프랑스를 통치하던 루이 16세가 국가 부도 위기에 직면하자 파리 근교 베르사유 궁전으로 피신해 있었는데, 그때 밀 흉작으로 값이 폭등해 파리 빈민들은 굶어 죽을 지경에 이르렀다. 이에 성난 부녀자들은 빵을 달라고 외치며 베르사유 궁전으로 몰려갔다. 수천 명의 군중은 궁전을 에워싸고 왕을 압박했다.

포위된 왕은 분노의 함성이 더욱 거세게 들끓자 할 수 없이 베르사유 궁전을 포기했다. 프랑스판 보릿고개로 허덕이던 부녀자들은 왕과 그의 가족을 파리로 압송했다. 그 뒤로 왕은 파리 군중의 힘에 통치의 힘을 잃었다. 이 사건은 프랑스 사회에 돌이킬 수 없는 큰 변화를 불러일으켰다. 계급 사회를 뒤엎은 프랑스 혁명이었다.

혁명의 도화선이 되었던 빵, 그러나 빵을 혁명의 수면 위로 밀어 올린 사회적 모순이 있었다. 프랑스 계급 제도였다. 최상위 계급인 성직자와 귀족이 시민·농민·노동자 등의 최하위 계층을 억압하고 착취하며 사치스런 생활을 하였다. 하층민들은 어떠한 권리도 없었으며 평생 그들을 위해 뼈 빠지게 일하고 세금을 바쳐야 했다. 이러한 계급 구조로 하층민들은 도탄에 빠질 수밖에 없었다.

시대 변화로 생각이 바뀐 군중들은 급기야 루이 16세를 화려한 궁전의 침대에서 끌어내 단두대에 눕혀 놓고야 말았다. 발악하던 봉건 계급 제도의 숨통이 분노의 칼날에 단번에 끊어졌다. 계급 사회가 무너지고 새로운 세상이 열렸다. 빵을 달라던 절규가 "인간은 자유와 평등의 권리를 가지고 태어났다."는 고귀한 선언으로 승화하였다.

오르세 미술관과 루브르 박물관 사이를 잇는 세느강 다리 중간에 이르렀다. 오후의 강물 위로 자유와 평등의 두 관념이 굽이쳐 흐르고 있었다. 자연의 의지와 인간의 의지가 하나 되어 흐르는 강, 세느강. 나는 강물에 상념의 발을 집어넣고 세느강의 의지와 파리 시민의 의지를 한지 닥나무 반죽 물 떠내듯 한 장 한 장 조심스레 떠냈다.

▲ 세느강 다리 밑을 지나는 화물선

7. 루브르 박물관에서
윤두서 자화상을 떠올리다

"봐도 후회, 안 봐도 후회." 루브르 박물관과 관련한 유시민 작가의 말이다. 전자는 이 박물관이 많은 약탈 예술품을 소장하고 있음을 지적한 것이고, 후자는 이곳에 여러 시대의 빼어난 예술품을 소장하고 있음을 표현한 것이다. 나는 전자에 대해 오래전 한 매체에 〈프랑스인들이여, 약탈 문화재 반환 혁명을 일으켜라〉는 글을 게재한 적이 있었다. 1866년 병인양요 때 프랑스 군대가 강화도에서 약탈한 외규장각 의궤를 반환할 것을 촉구한 글이었다. 이런 글을 썼으니 약탈 예술품을 비롯하여 일반 예술품을 관람할 수 있는 자격을 얻은 셈이다.

7월 31일, 루브르 박물관은 관람객들로 북새통을 이루었다. 전 세계에서 모여든 많은 사람들이 설레는 눈빛을 앞장세워 입장을 기다리고 있었다. 그중에서도 만리장성 이남의 강한 사성 성조가 지하 공간을 점령해 버렸다. 워낙 사람들이 많아 박물관 냉방으로는 관람의 열기를 끌어내리기에 역부족이었다.

여러 전시관 가운데서 가장 인기가 있는 곳은 〈모나리자〉 그림이 있는 곳이었다. 그도 그럴 것이 이 그림은 루브르 박물관을 대표하는 예술품이므로. 박물관 3층에 전시되어 있는 레오나르도 다빈치의 그림을 보기 위해 긴 행렬이 만들어졌다. 당연히 우리도 대열에 합류했다. 그 많은 사람들은 다른 것 포기하고 오직 한 작품 〈모나리자〉를 보기 위해 늘어선 것만 같았다. 지하에서 시작된 관람 행렬이 구불구불하게 3층까지 이어졌다. 제대로 그림을 보고 나올 수 있을까 하는 생각이 들었다. 직원들은 쉴 새 없이 밀려드는 사람들을 통제하느라 진땀을 흘렸다. 관람객들은 무슨 일이 있어도 모나리자 진품을 기어이 보고야 말겠다는 굳은 의지를 가진 예술품 성지 순례자들처럼 보였다.

산을 오르듯, 우리는 참을성 있게 그림 성역으로 한 발 한 발 발길을 높였다. 원래 궁전이었던 박물관 건물 층고는 높았다. 한 층의 높이가 일반 건물 두 개 층보다 더 높아 보였다. 예술품 성지 등정의 수고를 덜어주려 일부 구간 층계는 에스컬레이터를 설치했다. 어서 모나리자를 알현해 보았으면 하는 눈빛들이 박물관 조명보다 더 강렬했다.

이윽고 모나리자 그림이 있는 전시관 입구에 이르렀다. 넓디넓은 공간 중앙에 모나리자 그림이 투명 방탄유리 속에 성스럽게 전시되어 있었다. 입장한 사람들은 그림 앞에서 휴대전화기로 사진 찍기에 정신이 없었다. 워낙 많은 인파가 몰려든 탓에, 그림이 통제선과 떨어져 있는 탓에 작품을 여유롭고 품위 있게 감상하기란 애초에 글렀던 것. 이 점을 알아차린 관람객들은 진품 사진을 찍어 가는 것으로 만족해야 했다. 현장 직원들은 먼저 온 사람들을 쫓아내기에 분주했다. 그래야 뒷사람들이 들어올 수 있었으므로. 쫓아내고 쫓겨나는 모습을 보니 몹시 실망스러웠다.

마침내 모나리자 앞에 이르렀다. 그림은 전시실 중앙에서 벽면 쪽 유리관에 놓여 있었다. 그러나 그림의 보안을 위해 가까이 볼 수 없었다. 이것만이 아니었다. 그림은 별도의 조명이 없어 어두웠다. 차라리 검색해서 보는 그림이 더 선명할 것 같았다. 어두운 그림 때문이었을까, 그림의 신비함도 어두워졌다.

루브르 박물관은 명화를 제대로 관람할 수 있는 공간이 아니었다.

▲ 어둡게 전시된 모나리자 그림

예술 작품을 제대로 감상하기 위해서는 '감상 거리'가 필요하다. 여기에는 거시적 거리와 미시적 거리가 있다. 전자는 작품에서 어느 정도 떨어져서 볼 수 있는 것으로, 작품의 전체적인 구도를 이해할 수 있는 거리를 말한다. 작품 요소들이 어떻게 조화롭게 짜여 있는가를 조망할 수 있는 거리다. 후자는 작품을 가까이 볼 수 있는 것으로, 작품 요소들의 세부적인 특성과 질감을 어떻게 드러내고 있는가를 이해할 수 있는 거리다. 따라서 작품의 심미성을 파악하기 위해서는 거시적 거리와 미시적 거리를 확보해야 한다. 이것은 감상의 필수적인 거리라고 할 수 있다. 이 중 어느 하나가 결여되면 정상적인 작품 감상은 기대할 수 없다. 여기에 또 하나, 감상을 위한 충분한 시간도 필요하다. 시간적 여유를 가지고 감상을 해야 작품의 내면성, 즉 작가의 창작 정신을 읽을 수 있다. 그러기에 '거리'와 '시간'은 필수 사항이다. 이런 면으로 볼 때, 모나리자 그림 감상은 정상이 아니었다. 작품과 관련된 거리와 시간을 충족시키지 못했기 때문이다.

이런 심각한 문제를 아는지 모르는지, 현장 직원들은 그만 보고 나가라고 채근했다. 이곳에서 얼마를 더 버틸 수 있을까? 줄 뒤를 바라보았다. 사진을 찍었으면 빨리 나가 달라는 입장 대기자들의 싸늘한 눈초리가 매서웠다. 정상적인 감상이 불가능한 상황, 하는 수 없이 아들이 초등학생 때 써 놓은 모나리자 그림 감상문을 급히 베꼈다. "(여인의 웃음은) 웃는 것이기는 한데 무언가 어색한 웃음이다. 깔보는 듯한 눈치도 있어 보인다. 그리고 보는 이의 시선에 따라 웃음이 달리 보인다. 화가 나거나 짜증이 나는 경우에는 무미소이고 즐거울 때는 미소가 잘 보인다. 그런데 잘 보면 얼굴이 남자 같이 보일 때도 있다."

허무한 관람, 서둘러 사진 몇 장만을 챙겨야만 했다. 입이 닳도록 칭찬해 온 명화를 이토록 짧은 시간에 감상하라니. 이런 푸대접 관람이 어디에 있단 말인가! 이대로 그림 구경을 마치기 억울했다. 발길을 세워 그림 쪽을 바라보았다. 그러면서 생각 하나를 떠올렸다. 저 모나리자 그림 대신 조선의 걸작, 아니 세계의 걸작인 〈윤두서 자화상〉을 전시하면 어떨까? 예술품의 걸작 여부는 전문가가 내리는 일이겠으나 지금껏 이 작품을 보지 못한 서양인들에게 음미할 수 있는 기회를 주면 어떨까? 모나리자처럼 붙박이 전시는 힘들겠지만 초대 전시 형식으로 루브르 박물관 나들이를 해 보면 어떨까?

▲ 감상을 포기한 채 사진 찍기에 바쁜 관람객들

〈윤두서 자화상〉. 18세기 초 조선 선비 윤두서가 자신의 얼굴을 그린 그림이다. 낙향한 윤두서 자신이 고흐의 그림보다도 더 이글거리는 내면의 정서를 붓끝에 가라앉혀 한지에 길어 올린 역작이다. 남의 얼굴이 아닌 자신의 얼굴을 그리기는 매우 힘든 일. 그러나 윤두서는 조선의 붓과 먹물로 자신의 얼굴을 사진처럼 찍었다. 그렇다고 해서 자신의 얼굴을 있는 그대로 복사한 것이 아니다. 초정밀 붓질로 살아 숨 쉬는 조선 선비의 얼굴을 그린 것이다. 그의 얼굴은 언뜻 얼음처럼 차갑게 보이지만 보면 볼수록 얼굴 전체에 번져 있는 온기의 질감을 느낄 수 있다. 이것이 윤두서 자화상만이 지닌 차별적 특징이다. 신비함이란 바로 이런 것이다.

▲ 조선 선비의 눈동자가 살아 있는
윤두서 자화상 _ 출처: 국립문화유산포털

시간과 공간, 그리고 시대가 다른 상황에서 〈모나리자〉와 〈윤두서 자화상〉 두 작품을 단순 비교하기란 적절치 않다. 그러나 앞에서도 말했듯이 모나리자 그림의 신비함은 윤두서 자화상에서도 살아 숨 쉬고 있다. 작품 명성에 흠집을 내려는 의도는 아니지만, 모나리자의 신비함이 지속되는 것은 어쩌면 루브르 박물관과 같은 초대형 박물관의 후광을 지금까지 독점해 왔기 때문일지도 모른다. '루브르 박물관=모나리자 그림'이라는 등식은 이런 점이 크게 작용했기에 가능한 것일지도 모른다. 반면 서양인들이, 윤두서 자화상의 수염 한 올 한 올이 한지에 생모처럼 자라나도록 초인적인 인내로 그려낸 붓질의 강약 흔적을 보노라면 동양 그림의 신비함에 감탄할 것이다.

빼앗은 예술품을 국립도서관 지하 창고에 처박아 놓았던 프랑스는 우리나라에 빚을 지고 있다. 외규장각 도서를 반환할 때 약탈의 습성을 그대로 드러내는 야비한 문구(프랑스 소유로 5년마다 대여 갱신)로 도배해 한국인들의 지탄을 받았던 기억을 떠올리면 프랑스가 할 일은 자명해 보인다. 루브르 박물관에 〈윤두서 자화상〉을 전시해 많은 관람객들이 동양의 신비함, 조선의 신비함을 한껏 느낄 수 있게 하는 일이다. 일이 실행된다면, 프랑스가 과거에 저지른 약탈 만행의 부끄러움을 조금이나마 지우고 예술품의 보편적 가치를 인류에 알려 공유하게 하는 데 한몫을 하게 될 것이다. 이런 생각을 루브르 박물관 벽과 천장에 두껍게 덧칠하며 걸음을 옮겼다.

8. 베르사유 궁전의 제비집

　여행 둘째 날, 파리 근교에 있는 베르사유 궁전을 관람했다. "짐이 곧 국가"라며 70여 년간 절대 권력을 휘둘렀던 루이 14세[1638~1715]. 그의 특명으로 지어진 베르사유 궁전은 규모도 규모려니와 내부의 화려함은 타의 추종을 불허하며 천하 강자로 군림하고 있었다. 중국 진시황의 아방궁도 이처럼 화려하고 웅장했을까? 다음 방에서는 어떤 욕망의 걸작들로 눈부실까? 발걸음 옮기기가 두려웠다. 세금과 부역에 몸서리치던 하층민의 신음 소리가 '거울의 방' 유리벽에 부딪쳐 메아리치는 듯 했다.

　베르사유 궁전의 건재함은 태양왕 루이 14세의 사치 위력

▲ 베르사유 궁전 거울의 방

때문이었을까? 구경하는 내내 정신이 혼미하여 어질어질하였다. 관람의 시력을 잃은 채 궁전 밖으로 나왔다. 그늘에 앉아 하늘을 보며 동공에 침착된 황금빛 욕망을 씻어 냈다. 그때였다. 낯익은 새들의 비행 군무가 눈에 띄었다. 제비였다. 프랑스에서 제비를 보니 친구를 만난 듯 반가웠다.

어릴 적이었다. 봄이 되면 제비는 어김없이 고향 마을로 날아와 집을 짓고 새끼를 길렀다. 제비는 다른 새들과는 달리 흙으로 집을 지었다. 사람이 사는 집에 둥지를 틀었으니 제비는 어쩌면 특별 건축 허가를 얻었는지도 모른다. 제비는 왜 다른 새들이 그토록 두려워하는 사람의 주거 공간에 집을 지을까?

터를 고른 제비들은 본격적으로 집을 짓기 시작했다. 어떤 제비들은 선을 넘어 아예 집안 대들보에다 짓기도 했다. 제비집 건축 공법은 탁월했다. 먼저 못자리 무논으로 날아가 진흙과 지푸라기를 함께 섞는다. 그렇게 하는 까닭은 흙의 점착력을 높여 집을 견고하게 짓기 위함이다. 진흙 콘크리트를 물고 온 제비는 벽면 아래부터 한 점 한 점 공들여 쌓기 시작한다. 건축 재료를 물어 나르는 횟수가 늘어남에 따라 점점 제비집 형태가 드러난다. 아래부터 물기가 마르면 단단하게 굳는다. 튼튼하게 집을 지은 제비들은 알을 낳고 새끼를 기른다.

까마득히 하늘을 날던 제비들이 궁전으로 날아와 둥지로 들어갔다. 흙으로 지은 제비집이었다. 눈으로 확인할 수 있었지만 자세히 보려고 사진을 찍어 확대해 보았다. 제비 새끼의 머리가 둥지 위로 바둑돌처럼 까맣게 돋았다. 아래 바닥을 보니 제비 똥이 쌓여 있었다. 바닥에 떨어진 똥은 새끼들이 눈 것임이 틀림없었다. 제비는 천적을 의식해 새끼가 똥을 누면 부리로 받아 물고는 멀리 날아가 버린다. 바닥에 쌓인 똥은 어미가 벌레를 잡으러 간 사이에 누어 떨어진 것으로 보였다.

▲ 베르사유 궁전의 제비집   ▲ 베르사유 궁전의 제비 똥

제비들이 언제부터 베르사유 궁전에 집을 지었는지는 알 수 없다. 궁전의 화려함을 유지하고 보존하는 데 모든 역량을 쏟아 붓고 있는 관리들과 직원들은 제비집의 존재를 모를 수도 있다. 그러나 바닥에 떨어진 똥은 보았을 것이므로 이미 제비집의 존재를 인식했을 것이다. 궁전 관리자들은 알면서도 그냥 내버려 두는 것 같았다. 제비집 존재를 관람객들에게 적극적으로 알리지 않는 것은, 그런 소극적 태도가 궁전 관리에 어느 한편 유리할 수 있기 때문이 아닐까 하는 생각이 들

었다. 그런 일과는 상관없이 나처럼 예리한 눈으로 제비집을 발견한 사람은 관광 의미를 한몫 더 챙겨 가는 횡재를 한 것임에 틀림없으리라.

세상에서 가장 화려한 궁전, 베르사유 궁전에 감히 집을 지은 제비들. 제비집 위치를 보니 건물 위층 난간 아래 창문 벽에 지은 것도 있고 창문 부조 위에 지은 것들도 있다. 창문 벽에는 집 두 개를 나란히 지어 쌍을 이루었으며 부조 위에는 더 촘촘히 지어 네 개, 혹은 다섯 개가 보이기도 했다. 부조에 지은 집은 언뜻 보기엔 제비집으로 보이지 않는다. 장식품의 일부로 보일 수 있다. 궁전 소재인 사암 특유의 누런 빛과 그 사암 토양인 흙으로 지은 제비집 색은 구별하기가 쉽지 않다.

제비들은 둥지를 틀었지만 궁전의 역사와 화려함은 모를 것이다. 너른 언덕에 건물 하나 우뚝 서 있기에 진흙을 물어다 집을 지었을 것이다. 이 새들은 해마다 집을 새로 짓는지는 알 수 없으나, 일부 외벽에 촘촘히 지어 놓은 것을 보면, 여기저기 산만하게 집을 지을 경우 궁전 관리인들의 퇴거 압박에 시달릴 수 있음을 예상하고 있는 듯싶었다. 제비집은 궁전에 비해 화려하지 않았다. 그렇다고 해서 궁전의 화려함을 중화시키지는 않는 것 같았다.

베르사유 궁전과 제비집의 평화로운 공존이 언제까지 이어질지는 아무도 모른다. 한 가지 마음이 놓인 것은 비둘기가 보이지 않는다는 점이다. 비둘기 똥은 독하기로 유명하다. 비둘기 똥에는 산성 성분이 많아 건물과 자동차 등을 쉽게 부식시킨다. 그래서 사람들은 이 새의 접근을 차단하려고 골머리를 앓고 있다. 이런 유해 비둘기가 여기에서는 보이지 않았다. 다행이었다. 깐깐하게 유적과 유물을 관리하는 프랑스인들이 비둘기 똥으로 문화재가 부식하는 꼴은 가만히 놔둘 리 없을 것이다. 비둘기가 날아와 배설물 궁전으로 만들었다면 망을 씌워 접근을 차단하거나 다른 수단을 마련했을 것이다.

제비는 사람과 친화 관계를 이루며 지내왔다. 베르사유 궁전을 보면 유럽에서도 제비와 사람은 친화 관계를 형성하고 있는 것으로 보인다. 흙과 돌은 친근한 자연물이다. 흙의 제비와 돌의 인간이 서로 조화를 이루어 오래도록 함께 했으면 싶다. 이곳 궁전 관리인들이 제비집을 허물지 않고 있음은 좋은 징조다. 둥지를 나온 제비들이 쪽빛 하늘을 초음속으로 날아올랐다.

▲ 베르사유 궁전의 꽃밭

9. 밥 묵읐나

"밥 묵읐나?" 억양이 센, 그러나 친숙한 말. 이 네 음절 문장은, 베르사유 궁전의 화려함에 압도된 채 광장으로 나왔을 때 두 귀에 박힌 말이다. '밥 묵읐나'는 한국어 발음 규칙에 따라 [밤므근나]로 정확히 발화되었다. 누군가 말한 '밥 묵읐나'는 언어 경험으로 보아 분명 경상도 사투리, 좁혀 말하면 부산 사투리였다. 이것만이 아니었다. 방언의 억양까지 완벽하게 구사했다. 도대체 누가 이 말을 했을까? 한국인 여행객 가운데 부산 사람이 있었단 말인가?

"밥 묵읐나?" 이 말이 군중 속에서 또 들렸다. 말을 알아들은 사람들이 웃음을 터트렸다. 누가 한 말인지 궁금하여 즉시 발화자를 수색했다. 알고 보니 웬 흑인 남자였다. 그는 커다란 보따리를 바닥에 풀어 놓고 두 손으로 에펠탑 모형 기념품을 들어 보이며 한국인 여행객들에게 "일 달러 네 개"라며 소리를 높였다. 예사소리 '달러'를 된소리 [딸러]로 발음하며 반드시 기념품을 팔아야겠다는 집념이 얼굴 가득 이글거렸다.

이 돌발 광경으로 한바탕 크게 웃을 수 있었다. 흑인 남자의 한국어 부산 사투리는 베르사유 궁전 구경에 버금갈 정도로 인상적이었다. 그래서일까? 순간 궁금증 하나가 머리를 스쳤다. 흑인 장사꾼은 어떻게 이 말을 배웠을까? 생각의 불씨가 활활 타올랐다. 낯선 이국땅에서

한국어의 하위 체계인 경상도 방언을 유창하게 구사하는 보따리 장사꾼의 판매 전략에 모든 관심이 쏠렸다.

"밥 믁있나?"를 표준어로 바꾸면 "밥 먹었나?"가 된다. 목적어인 '밥' 뒤에 조사 '－을'이 생략된 것인데, 이 문장을 어절의 휴지 없이 발음하면 [밤므근나]가 된다. '밥믁있나'에서 7종성 법칙에 따라 '밥므근나'로 변동하고 다시 자음동화 법칙에 따라 [밤므근나]가 된 것이다. '믁있'이 '므귾'으로 된 것은 연음 법칙이 작용했기 때문. 그는 일련의 복잡한 발음 과정을 잘 숙지한 듯싶었다.

흑인 남자가 '밥 믁있나'를 한국어 발음 규칙에 따라 [밤므근나]로 말한 것은 한국어 전공자인 나에게 많은 생각을 던져 주었다. 먼저 떠오른 것은 그 남자의 이력이었다. 혹시 한국에 온 적이 있었나? 유학을 와서 부산의 어느 대학에서 공부를 했거나, 아니면 외국인 근로자로 부산 지역에서 일하면서 사투리를 배우지 않았을까?

이런 추측이 신빙성을 얻는 것은, 2008년 중국 곡부사범대학교에서 강의하고 있을 때 경험을 했기 때문이다. 그때 내 강의를 듣던 4학년 남학생이 있었는데 그는 부산에 있는 대학교에서 2년 동안 한국어 공부를 했다. 그래서인지 한국어 실력, 특히 부산 사투리 구사력이 빼어났다. 부산 토박이라고 해도 의심하지 않을 정도로 부산 말을 거침없이 구사해 학생들의 인기를 한 몸에 누렸다. 그는 자신의 유학 경험을 뽐내려는 듯 틈만 나면 부산 사투리를 구수하게 뽑아냈다. '밥 믁있나'는 사투리 구사 목록 첫 번째였다.

이런 경우가 아니라면 누구한테 부산 사투리를 배웠을 가능성이 높다. 그렇다면 한국어 학습 경험이 있는 사람한테서 '밥 묵었나'를 완벽하게 배워 여행 기념품을 파는 데 활용했을 가능성이 크다. 교육자는 피교육자인 그 흑인 남자에게 한국어 발음 규칙과 부산 사투리의 핵심 발음법을 아주 철저하게 가르쳤을 것이다. 아프리카 출신(?)이 '밥 묵었나'를 [밤므근나]로 완벽하게 소리 내기란 매우 어려운 일이기 때문이다.

'일 달러 네 개'도 흥미롭다. 이 어구는 다분히 경제적인 언어 표현이라고 할 수 있다. 이 문장의 본래 모습은 반말인 '밥 묵었나'를 고려할 때 '(에펠탑 모형이) 일 달러에 네 개이다'로 복원할 수 있다. 그런데 이것을 그대로 말하면 조사 '-에'와 종결어미 '-이다'가 있어서 발음이 길어진다. 따라서 핵심 내용인 '일 달러'와 '네 개'만을 배열하여 '일 달러 네 개'로 짧게 표현한 것으로 보인다.

베르사유 궁전 앞 광장에서 한국인 여행자들의 귀를 쫑긋 세운 호객 문장 '밥 묵었나'는 단순한 의미를 갖지 않는다. 흑인 보따리 장사꾼은 이 짧은 문장으로 한국인들에게 기발한 판매 전략을 펼친 것으로 보였다. 밋밋한 서울 표준말이 아닌 맛깔스런 부산 사투리로 두 귀를 열게 하여 여행 기념품을 팔려고 했던 것이리라.

또 하나 눈여겨볼 대목은 그 남자가 한국인의 문화 심리를 적극 활용했다는 점이다. 한국인들 인사말 가운데 "밥 먹었니?"라는 표현이 흔하게 쓰인다. 이것은 오래된 인사말로 상대방을 챙겨 주는 따뜻한 의미를 지니고 있다. 제대로 먹지 못해 배곯던 시절, 그러니까 보릿고개 시절에 시작된 것으로 어려운 상황에서도 끼니마다 밥 먹었기를 간절히 바라던 진심 어린 표현인 것이다. 상대방을 진정으로 걱정해 주는 보릿고개 인사말은 한국인의 따뜻한 마음을 잘 드러내고 있다.

베르사유 궁전 앞 광장에서 한국인을 상대로 에펠탑 모형을 파는 흑인 남자는 목청을 돋우며 "밥 믁었나? 일 달러 네 개."를 반복적으로 외쳤다. 모두 다 합쳐 아홉 음절의 짧은 두 문장 속에 그 남자의 판매 전략과 의지가 고스란히 담겨 있었다. 이국의 관광지에서 이곳을 찾은 한국인들에게 부산 사투리로 감성을 자극하며 '일 달러'를 간절하게 호소한 것이다. 한국어 발음법과 경제적인 문장 표현법을 두루 섭렵한 뒤 에펠탑 모형을 팔고 있었던 것이다.

광장에 대기하고 있던 관광버스가 출발선으로 와 여행객들을 단숨에 빨아들였다. 에펠탑 모형 기념품을 팔던 흑인 장사꾼은 보따리를 어깨에 둘러메고는 다른 여행객들이 있는 곳으로 걸음을 옮겼다. 그들에게 어떤 말로 호객을 할까? '밥 믁었나'는 베르사유 궁전의 여행 사진첩을 펼칠 때마다 강한 억양으로 메아리칠 것 같다.

10. 모네의 빛 연구소, 지베르니 연못

　관광객들의 설렘을 가득 실은 버스가 지베르니에 도착했다. 지베르니는 인상파 화가인 클로드 모네Claude Monet, 1840~1926가 그림을 그리던 곳이다. 모네는 이곳에 저택을 구입한 뒤 꽃밭과 연못을 만들었다. 집 뒤엔 산이 있고 집 앞엔 세느강이 있으니 그야말로 배산임수의 명당인 셈이다. 지베르니는 이런 점으로 보아 모네의 이상향이라고 할 수 있다.

　8월 첫날, 모네의 정원에는 따가운 햇빛이 눈부시게 쏟아져 내렸다. 그러나 나무 그늘에 들어서면 시원하여 둘러보는 데 불편함이 없었다. 저택 바로 앞에 꽃밭이 있는데 여기에는 모네가 생전에 심고 가꾸며 자연의 색을 관찰했던 꽃들이 하나도 빠짐없이 자라고 있었다. 꽃밭이 끝나는 곳에 도로가 있고 그 건너에 연못이 있다.

　모네가 심혈을 기울여 만든 이 연못은 인공 연못이다. 세느강에서 물을 끌어와 연못을 채운 것인데, 물은 고여 있는 것이 아니라 연못으로 흘러든 뒤 하부 수로로 나가도록 되어 있다. 연못가에는 버드나무와 대나무 등이 무성히 자라 숲을 이루고 있다. 버드나무와 대나무는 한국에서도 흔하게 볼 수 있는 것이어서 친근감이 들었다. 그런데 대나무가 좀 더 눈길을 끌었다. 대나무는 원래 이곳에 서식하지 않는 나무였는데 모네가 일본에서 들여와 심었다고 한다. 그때 마을 사람들은 대나무에 독이 있을 것이라며 무척이나 꺼렸다고.

▲ 연못으로 흘러드는 수로의 물

▲ 연못 입구의 대나무 숲

모네는 이곳을 쉰 살이 되던 해에 구입했다. 당시 그의 결심을 유혹했던 한 가지는 이곳이 연못 조성의 최적지였기 때문이 아닐까 싶다. 연못은 모네의 창작 산실이며 그를 인상주의 화가로 우뚝 서게 하는 데 결정적인 역할을 한 곳이다. 특히나 수련 화가로 이름을 떨칠 수 있게 한 곳이다. 이런 사실을 놓고 볼 때, 모네와 연못은 불가분의 관계라고 할 수 있다. 모네가 이곳을 처음 방문했을 때 연못을 만든 뒤 강물을 끌어와 수련을 길러 그림을 그려야겠다는 야심찬 구상이 세워졌을 것이다. 수련만을 전문적으로 그려 화단에서 자신의 입지를 굳히려 했을 것이다. 또한 이것은 혹독한 무명 화가 시절을 보내야 했던 모네한테는 매우 절박한 일이었을지도 모른다.

모네의 연못은 천상의 연못처럼 물과 꽃과 나무와 흰 구름이 환상적으로 어우러져 아늑하게 물속 깊이 드리워져 있었다. 긴 세월 흘러 인공 연못을 자연 연못으로 착각할 수 있을 정도로 주변 환경에 완전히 동화되었다. 모네의 입지 선정 안목이 돋보였다. 연못과 연못 주변의 모든 것들이 정지된 상태. 실처럼 가느다란 가지들을 수면에 닿을락 말락 늘어뜨린 버드나무, 모네의 그림 속 나무처럼 흔들림이 굳어 버렸다. 연못 가운데에는 수련이 군락을 이루어 파란 양산처럼 떠 있

▲ 물속 깊이 뻗어 내린 버드나무 줄기

었다. 잎과 잎 사이로 희고 붉은 수련 꽃이 송이버섯처럼 꽃망울을 수줍게 돋우었다.

연못은 뜨겁게 내리쬐는 볕으로 눈부셨다. 여행객들의 발걸음 소리에 수련 잎이 흔들려 가라앉을 것만 같았다. 조심조심 걸음을 옮기려던 때였다. 양털처럼 촘촘하고 뻣뻣하게 수염을 기른 한 남자가 그늘 밑 의자에 앉아 연못을 응시한다. 찻숟가락처럼 움푹 파인 두 눈, 햇빛이 너무 강렬했는지 잠시 눈을 찡그린다. 그런 다음 130년 전 눈조리개를 열어젖힌다. 클로드 모네, 그의 눈이다.

지베르니 연못은 모네의 빛 연구소였다. 그는 이곳에서 자연의 빛을 남다른 눈으로 관찰하였다. 빛은 사물을 인식하는 데 꼭 필요한 요소

▲ 연못의 수초를 제거하는 관리인

프랑스 파리

이다. 빛이 없으면 사물을 알아볼 수 없다. 그러므로 빛은 태양이 날마다 우리에게 주는 소중한 광선 선물이다. 모네는 빛의 변화에 따라 사물의 형상이 달라진다는 사실을 깨달았다. 모네의 눈으로 보면 사물의 모습은 빛으로 새롭고 다양하게 변조되는 마법 같은 결과물인 것이다. 그는 시시각각 달라지는 대상의 모습을 포착해 화폭에 담아냈다.

모네는 여름 내내 연못가에 앉아 순간순간 변하는 사물의 상을 독창적으로 낚아 올렸다. 빛을 낚는 전위 화가인 모네가 가장 중요하게 여긴 것은 단연 수련이었다. 수련이 없는 연못은 붓질 없는 화폭과도 같았다. 모네에게 연못은 수련이 떠 있는 설렘의 물 공간이었을 것이다. 지금 막 올리브유를 바른 듯 반질반질한 수련 잎들이 너와처럼 포

▲ 둥근 멍석처럼 떠 있는 수련

개져 살포시 수면을 덮은 연못, 햇빛을 받은 수련 잎들이 물비늘처럼 아른거리는 연못, 여기에 수련 꽃망울이 화룡점정으로 방점을 찍는 연못은 모네 작품 활동의 최고 보물이었을 것이다.

모네의 빛 탐구는 하루에, 한 달에, 한 해에 끝나지 않았다. 해마다 봄부터 연못에 나와 빛 낚싯대를 드리웠다. 이러한 집념으로 그는 연못에서 200여 점의 그림을 낚아 올렸다. 그중에서 말년에 그린 〈수련〉 연작은 모네의 붓질이 최고의 경지에 이르렀음을 보여주는 걸작이라고 할 수 있다.

벌써 몇 시간째 의자에 앉아 꿈쩍도 않던 모네가 자꾸 눈을 비비기 시작한다. 강하게 쏟아지는 햇빛 탓일까? 아니면 망막에 너무 많은 수련의 상이 맺혀 눈에 과부하가 걸린 탓일까? 눈에 뭔가 들어간 듯 계속 눈을 비빈다. 눈을 계속 감았다 떴다 해도 소용이 없다. 갈수록 빛도 흐리고 수련의 모습도 흐려진다. 나아질 기미가 보이지 않는다. 답답한 눈. 모네에게 닥친 최대 위기, 백내장이었다. 청천벽력과 같은 암울한 진단이었다.

백내장으로 모네는 시력을 거의 다 상실하였다. 성공적으로 인상주의 화단을 이끌어 왔던 모네에게는 너무도 가혹한 형벌이었다. 그림의 신은, 자신의 허락 없이 빛 변화에 따라 사물의 상이 다양하게 달라지는 신비한 화법을 세상에 누설한 모네에게 모진 벌을 내린 것일까? 물감을 잔뜩 머금었던 그의 붓이 폭양에 금세 말라 버렸다.

구경을 마친 관광객들이 세느강이 보이는 주차장으로 모여들었다. 모네의 안타까운 소식을 뒤로 한 채 버스는 지베르니 가로수 숲길을 빠져나가고 있었다. 연못 수로엔 모네가 관찰했던 빛과 그 빛이 다양하게 빚어낸 아름다운 수련의 형상들이 굽이쳐 역류하고 있었다.

● ○ ●

11. 심한 붓 따돌림으로 세상과 멀어진 고흐

모네의 백내장 소식의 여운이 채 가시기도 전에 버스는 고흐가 머물렀던 오베르 쉬르 우아즈에 도착했다. 파리에서 30km 정도 떨어져 있는 곳. 마을은 '오베르 쉬르 우아즈'라는 부드럽고 긴 이름에 걸맞게 작고 한가로웠다. 나무 그늘에 앉은 동네 노인들이 처진 눈꺼풀을 치켜 올린 채 버스에서 내리는 동양의 이방인들을 덤덤히 바라보고 있었다.

오베르는 빈센트 반 고흐Vincent Van Gogh, 1853~1890가 죽기 전 70일 동안 발악적으로 그림을 그리던 곳이다. 네덜란드에서 태어난 그는 힘든 작품 활동을 정리하고 이곳으로 와 37살의 짧은 생을 마감했다. 산 언덕만큼이나 무겁게 밀려드는 예술적 고독과 고뇌를 감당하지 못하고 끝내 붓을 꺾은 것이다.

삶의 목표를 굳건히 세우지 못한 고흐가 본격적으로 화가의 길을 걷기 시작한 때는 1880년, 그의 나이 27살이 되던 해였다. 고흐가 그림 붓을 손에 쥔 것은 동생 테오의 권유에서였다. 고흐는 그림 공부를 하면서 한때는 이 화풍을, 한때는 저 화풍을 기웃거리며 붓질법을 배웠다. 그러면서 자신만의 그림 색채를 완성하려 하였다. 식을 줄 모르는 열정으로 상당히 많은 작품을 남겼다.

그러나 고흐의 작품은 파리 화단에서 거들떠보지도 않았다. 심한 붓 따돌림을 당한 것. 자신의 그림이 인정을 받지 못하자 분노와 억울함이 치솟았다. 서러운 좌절감을 억누르면서도 이름 난 화가들과 교류하려 했으나 그들은 모두 고흐 곁을 멀리 떠났다. 고흐의 성격은 나날이 거칠어졌다. 그림도 거칠어졌다.

화가들과 친밀하게 교류하며 자신의 이상을 그림마다 투영시키려던 계획이 틀어져 버리자 고흐는 신경과민 증상이 나타나기 시작했다. 화가로 성공할 수 없다는 극도의 불안감이 내면 의식을 옥죄었다. 한번 발현된 우울증과 신경쇠약은 가라앉을 기미가 보이지 않았다. 작품의 가치를 조금도 인정하지 않는 세상의 싸늘한 반응은 참을 수 없는 모멸감을 불러일으켰다.

정신분열증이 심해져 곪아 터질 것 같던 어느 날, 고흐는 여관방에서 면도칼로 자신의 귀를 잘랐다. 방안은 온통 분노의 선혈로 낭자했다. 자학의 비명 소리가 화단에 울려 퍼졌으나 반응은 역시 냉담했다. 귀를 자른 고흐는 얼마 뒤 붕대를 감고 자신의 얼굴을 그렸다. 그 그림이 바로 〈귀를 자른 자화상〉이다. 귀를 자르고 그것도 모자라 자른 귀를 붕대로 감은 모습을 그림으로 남긴 기행은, 자신의 정신병이 심각한 불치 단계로 접어들었음을 세상에 도발적으로 공표한 것이나 다름

없었다.

오베르 마을 언덕에 들어서
자 고흐 공원이 나타났다. 화구
통을 양어깨에 둘러멘 고흐의
동상이 말뚝처럼 서 있었다. 생
전의 고통이 두터운 옷 주름으
로 굳어 있었다. 초췌한 고뇌의
신경선이 얼굴 가득 날카롭게
돋쳐 있었다. 녹슨 동상에서는
고흐의 고주파 정신분열증이 강

▲ 마을 언덕에서
외롭게 녹슬어 가고 있는 고흐 동상

하게 흘러나와 사진을 찍으면 화소에 손상을 입힐 것만 같았다.

삶을 스스로 꾸려나갈 능력이 없을 정도로 만신창이가 된 고흐는
급기야 정신병원에 갇히고 말았다. 그래도 그림에 대한 욕망의 끄나풀
은 놓지 않았다. 몹쓸 정신병을 극복하려 붓을 다잡아 그림을 그렸다.
이 시기 특징 가운데 하나는 인상파 화법을 따랐으되 이글이글 타오르
는 듯한 붓질로 채색을 했다는 점이다. 마치 소용돌이치는 불길과 같
았는데, 이것은 내면 깊숙이 응축되어 있던 고뇌와 분노가 그림으로 뜨
겁게 분출된 흔적이라고 할 수 있다. 〈자화상〉, 〈귀를 자른 자화상〉, 〈
별이 빛나는 밤〉, 〈사이프러스가 있는 밀밭〉 등의 작품이 이에 속한다.

긴 투병 생활과 지속적인 붓질에도 고흐의 정신병 치료 효과는 별로 없었다. 병은 나날이 악화되었다. 늘 불안한 시간의 연속, 이것은 광기를 자극하는 도화선이 되었다. 붓질 말고는 아무것도 할 수 없는 초극빈자 고흐, 그의 피붙이인 동생 테오는 비틀거리는 형의 그림자를 부축하며 힘껏 뒷바라지해 주었다.

▲ 고흐가 그린 마을 성당

두 형제는 마지막 한 가닥 치료 희망을 가지고 시골인 오베르로 들어왔다. 당시 오베르에는 정신병 치료에 뛰어난 의술을 가진 의사가 있었는데 고흐는 구세주인 의사를 만나 치료에 전념하였다. 그러나 용한 의술도 깊을 대로 깊어진 고흐의 병을 고치기에는 역부족이었다. 화폭에 덧칠된 그림 열정은 나날이 야위어 갔다.

우리 여행객들은 안타까운 마음을 무겁게 끌며 마을 뒤 언덕으로 올라갔다. 8월 2일 오후, 구름 한가로이 흘러가는 오베르 마을 드넓은 밀밭. 수확이 끝난 밀밭엔 잘게 잘린 밀짚만이 잔디처럼 촘촘히 깔려 있었다. 바닥에 떨어진 밀알과 선명한 트랙터 바퀴 자국으로 보아 수확을 한 지 얼마 지나지 않은 것 같았다. 1890년 7월 27일, 고흐는 이곳 밀밭을 배경으로 마지막 그림인 〈까마귀가 나는 밀밭〉을 그리고 까마귀들과 함께 하늘로 날아올랐다.

고흐가 정신병 치료를 받기 위해 오베르로 온 때는 1890년 5월 21일. 권총으로 자살한 날짜가 7월 29일이었으니 이곳에서 머문 시간은 두어 달 정도인 70일이었다. 5월 하순에서 7월 말, 이 시기의 마을 풍경을 더듬어 보면 고흐와 관련된 의미심장한 점을 발견할 수 있다.

앞에서 말했듯이, 고흐는 언덕 밀밭을 배경으로 마지막 그림을 그렸다. 황금빛으로 물든 밀밭에 낫질을 기다리고 있는 만삭의 밀 이삭이 등이 굽은 채 힘들게 서 있고, 그 위를 까마귀 떼가 날아올라 시커먼 구름 하늘로 사라지고 있다. 이 장면은 곧 한 사람의 미래가 사라질 것임을 강하게 암시하는 대목이다.

나는 텅 빈 밀밭을 바라보면서 밀과 고흐의 어떤 상관성을 떠올려 보았다. 밀은 대체로 가을에 파종하는데 겨울이 지나 봄이 되면 본격적으로 자라기 시작한다. 푸른 밀밭이 봄바람에 일렁거리는 모습은 꽤나 인상적이다. 봄날에 밀은 보리와 함께 강인한 생명력을 가장 잘 드러내는 작물이라고 할 수 있다. 봄이 한창 무르익는 4월이 되면 밀 이삭이 패기 시작해 5월 하순부터는 누렇게 익기 시작한다. 6, 7월에 수확을 한다.

이렇듯 밀의 한살이는 짧다. 채 일 년도 안 된다. 밀은 파랗게 싹이 터서 누렇게 끝난다. 이 짧은 밀의 한살이 과정은 고흐의 그것과 딱 겹친다. 파랗게 덮인 밀밭을 한 생명의 시작이라고 한다면 싯누렇게 익은 밀밭은 끝이라고 할 수 있다. 고흐가 밀밭 푸르름이 아직 남아 있는 5월 하순에 오베르 마을에 온 때는 그림의 희망과 열정이 어느 정도 남아 있을 무렵이었다. 그는 실제로 이곳에 온 뒤 화구통을 메고 이리저리 쏘다니며 꿈을 일으켜 세우려 발버둥쳤다. 어느덧 시간이 흘러 밀이 익는 6월이 되었다. 따가운 햇볕에 푸르름이 완전히 증발된 밀밭은 황금빛으로 물들기 시작했다. 한살이를 마감하는 밀의 경이로운 물결, 활활 이글거리며 타오르는 밀밭의 눈부신 파국이다.

6월이 지나고 7월도 하순이 되었다. 밀밭마다 싯누런 춤이 넘실거렸다. 고흐의 꿈과 욕망이 밀짚처럼 말라 앙상하였다. 단말마 같은 붓 따돌림의 고통이 고흐의 몸통을 조인다. 밀 이삭의 춤이 더욱 화려하고 격렬해진다. 고흐의 환상과 발작이 밀밭처럼 맹렬히 몸부림친다. 반사적으로 화구통을 챙겨 들고 언덕 밀밭에 오른다. 붓을 들어 그림을 그리기 시작하는 고흐. 좁은 화폭의 마당에서 그의 영혼이 외로이 춤을 춘다. 이내 춤사위가 식는다. 조용한 언덕의 밀밭, 숨을 한 번 크게 고른 고흐는 지그시 종말의 방아쇠를 당긴다. 37년 그의 시간이 멎는다.

총성이 녹슨 밀밭 끝 언저리로 공동묘지가 보였다. 우리는 상주처럼 밀밭 길을 따라 공동묘지로 걸었다. 낮은 봉분 위로 돌 몇 장 덮인 가난한 무덤들. 그곳에 고흐와 동생 테오의 이름이 나란히 묻혀 있었다, 한 시대 힘들고 불운하게 살았던.

12. 미터법 혁명으로 세운 파리의 바벨탑

파리를 상징할 수 있는 것 하나를 꼽는다면? 이런 질문을 받으면 개선문, 루브르 박물관, 노트르담 대성당, 오르세 미술관, 오랑주리 미술관, 베르사유 궁전 등을 떠올릴 것이다. 이것은 주관적인 판단에 따른 것이어서 모두 질문에 들어맞는다고 할 수 있다. 각자의 관점, 즉 가치 판단이 다르기 때문이다.

그러면 관점을 좁혀 눈에 잘 띄는 특성인 가시성을 기준으로 할 때 무엇을 떠올릴 수 있을까? 아마도 에펠탑이라고 말할 것 같다. 이것은 파리 어디에서나 볼 수 있는 가장 높은 구조물이기 때문이다. 따라서 에펠탑을 보지 않고서는 파리를 구경했다고 말할 수 없다 하겠다.

이 탑을 가까이 본 것은 파리 도착 3일째 되던 날이었다. 베르사유 궁전을 단체 관람하기 위해 아침 일찍 집결 장소로 갔는데 그곳은 에펠탑 전망 장소로 유명한 샤이오 궁 언덕이었다. 시야가 탁 트인 곳에서 세느강 쪽을 바라보니 에펠탑이 A자형으로 우람하고 강건하게 직

립해 있었다. 아직 햇빛을 완전
히 흡수하지 못한 상황이어서 역
광의 그림자를 길게 걸치고 있었
다. 세느강 건너에 있음에도 손
에 잡힐 듯 가깝게 보였다.

베르사유 궁전 관광에 이어
모네가 수련에 눈을 뜬 지베르
니, 빈센트 반 고흐가 마지막으
로 붓질을 했던 오베르 쉬르 우
아즈를 둘러보고 저녁 무렵에 다

▲ 샤이오 궁 언덕에서 바라본 에펠탑

시 샤이오 궁 언덕으로 돌아왔다. 야간 조명을 보기 위해서였다. 저녁
햇빛을 받은 에펠탑이 특유의 황동색으로 도색되어 노을에 빛나고 있
었다. 높이 324m의 탑이 빚어내는 광경을 보며 운집한 관광객들이 각
국의 언어로 감탄사를 쏟아냈다.

어스름이 깔리자 에펠탑은 어둠을 좋아하는 밤의 카멜레온으로 변
신하였다. A자형 카멜레온은 머리부터 발끝까지 금빛 조명으로 치장
을 하였다. 어둠의 세계를 유혹하는 파리의 카멜레온, 황금빛 의상을
벗어내더니 벚꽃처럼 새하얀 옷을 갈아입는다. 변장의 귀재, 카멜레온
무희가 관객들의 환호를 받으며 여름밤 황홀한 빛으로 몸부림을 친다.
강신무처럼 몰아지경에 이르더니 길고 가느다란 강렬한 빛줄기를 쏘아 허공을 가른다. 사물놀이 상무 돌리듯 신명나게 빛줄기를 돌린다. 눈부신 야간 조명으로 파리의 밤이 대보름 달집태우기처럼 뜨겁게 타올랐다.

▲ 화려한 불꽃 의상을 차려입은 에펠탑 ▲ 강렬한 조명으로 형체가 사라진 에펠탑

130년이 된 파리의 명물 에펠탑. 이 철탑 이름은 프랑스 건축가인 귀스타브 에펠Gustave Eiffel, 1832~1923의 이름을 따서 지은 것이다. 이 철탑은 1889년 프랑스 혁명 100주년을 맞이해 만국 박람회를 개최하며 기념비적인 건축물로 세운 것. 이것은 원래 한시적 구조물이었다. 20년 동안만 전시되고 해체하기로 되었던 에펠탑이 운 좋게 살아남을 수 있었던 것은 여기에 방송 송신탑이 설치된 덕분이었다. 완공 당시 300m였던 탑 상부에 24m 통신 장비를 얹으면서 새로운 기능을 얻어 해체의 운명에서 벗어난 것이다.

에펠탑은 이런 우여곡절만 있었던 것은 아니다. 공사를 시작하면서부터 반대에 직면하였다. 건축가도 반대하였지만 문학 예술가들의 반대가 무척 심했다. 기존 파리 건축물의 예술적 가치를 파괴한다는 이유에서였다. 그도 그럴 것이 4~5층 석조 건축물들이 들어찬 파리 시내에 300m나 되는 높디높은 철 구조물을 세운다면 이것은 그들 말대로 '흉물'이 될 것이기 때문이었다.

그 후 또 한 번 결정적 위기가 있었다. 제2차 세계대전 중 나치 군대가 프랑스를 점령했을 때였다. 연합군이 반격을 시도하여 파리가 함락될 상황에 이르렀다. 그러자 히틀러는 파리 주둔군 사령관에게 에펠탑을 비롯하여 유서 깊은 건물들을 모두 폭파하라고 명령했다. 폭약을 설치하여 파리를 불태우라는 최후 명령이었다. 그러나 히틀러의 부하는 명령을 따르지 않았다. 소중한 문화유산을 파괴할 수 없었기 때문에. 그의 인문학적 양심이 폭약 설치를 거부한 것이다. 전쟁의 역설, 에펠탑은 그의 명령 거부로 기적적으로 살아났다.

위기를 모면한 에펠탑은 보란 듯이 노익장을 과시하고 있다. 탑을 안전하게 관리하기 위해 주기적으로 도색도 하고 보수도 하고 있어 앞으로도 오래오래 파리와 역사 시간을 함께 할 것이다. 흉물이 될 것이라는 우려를 말끔히 걷어내고 파리의 명물이 된 역사적 구조물, 건축가 에펠은 어떻게 이것을 만들었을까?

프랑스 혁명 100주년 기념 만국 박람회를 널리 알리려고 만든 300m 초고층 철제 구조물, 이것을 세우는 일은 당시로서는 모험이었다. 이 대역사의 주인공인 에펠은 당대 유명한 건축가들과 자신이 가지고 있는 첨단 건축 기술을 쏟아 부었다. 누구도 생각할 수 없었던, 누구도 상상할 수 없었던 최초의 일을 반드시 이루어 내리라 다짐하였다. 전설의 바벨탑을 파리에 세우겠다는 의지와 집념을 불태웠다. 이미 뉴욕 항 자유의 여신상 철골 구조를 설계하고 유럽 곳곳에서 대형 다리를 완공한 에펠의 경험은 거대 철탑 공사에 자신감을 불어넣었다.

건축의 출발은 설계도 작성에 있다. 이것은 건축의 처음이자 끝이며 핵심이다. 건축의 모든 공정은 이것을 바탕으로 이루어진다. 설계도 없이 공사를 한다는 것은 일을 망치겠다는 것이나 다름없다. 설계도는 영화의 각본과 같다. 영화 한 편을 감독의 의도대로 완성하느냐 못 하느냐는 각본의 완성도에 달려 있듯이 건축도 정밀한 설계도에 달려 있다. 설계도의 중요성이 그만큼 큰 것이다.

평지 건축물이 아닌, 300m 수직 건축물인 철탑을 세우기 위한 설계도는 최고의 건축 공학 기술이 바탕이 되어야 한다. 18,000여 개의 철제 부품을 무려 250만 개가 넘는 리벳(대갈못)으로 조립하여 탑을 완성하기란 여간 힘든 일이 아니다. 이론상으로는 가능할 수 있지만 현실적으로는 불가능할 수도 있다. 결론적으로 에펠은 이론을 현실로 보여 주었다. 기존의 석조 건축에서 벗어나지 못했던 19세기 말에 새로운 건축 재료인 쇠로 지상에서 하늘로 까마득하게 구조물을 세우려는 에펠의 야심찬 구상을 성공적으로 뒷받침했던 것은 초정밀 설계도였다. 그의 설계도를 보면 컴퓨터로 작성한 듯싶을 정도로 정밀하다. 인간 능력을 초월하여 신세계를 창조하는 꿈의 도면이라고 할 수 있다. 그 정교함에 소름이 끼친다.

당대 내로라하는 두뇌들이 만든 설계도가 건축 승인이 떨어지자 본격적인 공사에 들어갔다. 공사 기간은 2년, 1887년 착공하여 1889년 만국 박람회에 맞춰 공사를 끝내야 했다. 에펠은 5개월에 걸쳐 기초 공사를 한 다음 본격적으로 철탑 세우기를 했다. 공장에서 만든 부품을 현장에서 조립하는 공정이었다. 준공까지는 1년 7개월 정도밖에 남지 않았지만 조립 과정에서 날씨와 같은 변수가 발생하지 않으면 무난할 것으로 보였다.

에펠은 자신의 신념을 의심하지 않았다. 그럴 만한 까닭이 있었다. 18,000여 개의 철골과 철판, 그리고 이것을 연결하고 고정할 수 있는 250만 개의 리벳을 대량 생산할 수 있는 제철소와 가공 공장이 있었기 때문이다. 다시 말해서 설계도상의 제품을 공장에 주문하면 원하는 대로 생산할 수 있었기 때문이다. 그 당시 주문한 제품을 만들 수 있는 생산 체계가 갖춰져 있었기에 자신 있게 공사를 추진할 수 있었던 것이다.

엄청난 물량의 부품을 만들어 공급할 수 있는 대량 생산 체계, 이것은 에펠의 대과업을 뒷받침한 당시의 공업 상황이었다. 그러면 이것만이 그의 조력자였을까? 아니다. 이것을 가능하게 했던 보이지 않은 무엇이 있었다. 바로 표준 도량형인 미터법이다. 도량형이란 길이, 무게, 부피를 측정하는 방법을 말하는데 규격 제품을 만들기 위해서는 반드시 표준 도량형이 필요하다.

이런 면에서 에펠은 운이 좋았다. 프랑스 혁명이 일어난 지 10년 뒤인 1799년에 25만 개의 혼란스런 도량형을 통일하여 미터법을 마련하였다. 이 표준 미터법이 없었던 때에는 도량형이 제각각이어서 산업 발전에 큰 지장이 있었다. 이렇게 마련한 미터법은 1875년 채택한 조약에 따라 국제 도량형의 표준이 되었다. 매우 혼란스러웠던 도량형을 뜯어고친 제2의 프랑스 혁명이라고 할 수 있다. 이것은 에펠탑 건립의 결정적 조력자라고 할 수 있다.

규격 제품을 만들 수 있는 미터법, 그리고 이에 따라 제품을 대량 생산할 수 있는 체계, 에펠은 이 두 가지에 힘입어 필요한 부품을 공급받아 철탑을 세울 수 있었다. 아마도 그는 철탑 건립에 필요한 엄청난 물량의 부품을 생산하기 위해 여러 공장에 주문 의뢰했을 것이다. 공장에서는 다양한 부품을 한 치의 오차도 없이 규격대로 생산했을 것이다. 그리하여 이런 규격품으로 탑을 성공적으로 쌓아 올릴 수 있었을 것이다.

건축가이며 구조 공학자인 에펠, 그는 충만한 지성과 지혜, 그리고 감성을 녹여 아름답고 경이적인 300m 바벨탑을 우뚝 세웠다. 인공 구조물을 이 높이로 쌓아 올린 것은 인류 건축사의 쾌거였다. 부품 하나가 다른 부품과 이어져 조립되고 이것이 모여 덩어리가 되고 덩어리와 덩어리가 집합하여 거대한 구조체가 된 신비한 철탑, 에펠탑 A. 전설상의 바벨탑 주인공들은 너무도 큰 욕심을 부려 탑을 완성하지 못했다. 그러나 에펠의 욕망은 거만하지 않았다. 에펠은 욕망의 높이를 300m로 한정하였다. 미터법에 따라 생산된 부품과 부품을 리벳으로 한 땀 한 땀 허공에 이어 하늘 높이 올려 세웠다.

에펠의 의지와 창의력은 무너지지 않았다. 아직도 겸손의 높이로 건재하다. 그의 상상력은 녹슬지 않았다. 녹슨 것은 이것을 반대하던 사람들의 낡은 생각이었다. 에펠탑은 오늘날 파리를 먹여 살리는 도시 상징물이 되었다. 에펠탑은 인류가 나아갈 길을 비춰 주는 든든한 문명의 등대다.

▲ 육중한 균형미를 뿜어내는 수직 철 구조물 에펠탑

13. 콩코드 광장 쇠비름에게 국적을 묻다

파리 여행의 마지막 날, 우리는 오랑주리 미술관으로 갔다. 이곳에서는 모네, 세잔, 마티스, 피카소, 르누아르 등 유명 화가 그림이 전시되고 있었다. 미술관에서 가장 각광을 받는 화가는 당연 모네였다. 모네는 지베르니에서 그린 〈수련〉 연작 일부를 오랑주리 미술관에 기증했다. 미술관에서는 모네의 기증 정신을 받들어 노른자 공간에 그의 작품을 전시하며 관람객들을 맞이하고 있었다.

초대형 극장 화면처럼 큰 모네의 화폭에서 수련이 미술관 자연 채광을 받아 연못에서처럼 반짝거렸다. 백내장으로 시력을 잃어 가던 모네가 마지막 열정을 쏟으며 그린 불멸의 〈수련〉이 두 눈으로 강렬하게 흡수되었다. 빛으로 주조된 수련의 순간 형상들이 인상주의 신경망으로 조합되어 새로운 '수련'이 되었다. 모네의 〈수련〉이 나의 '수련'으로 재탄생한 것이다. 모네가 건네준 값진 선물이었다.

모네와 작별 인사를 나눈 뒤 밖으로 나왔다. 근처 나무 그늘에서 건장한 조카들이 여행 가방을 지키고 있었다. 가방 경비 교대를 한 조카들이 미술관으로 들어갔다. 이제부터는 내가 가방을 지켜야 한다. 어떤 돌발 상황에서도 여행 필수품이 들어 있는 가방을 철저히 사수하리라. 의자 앞에 놓여 있던 가방들을 내 앞으로 더 끌어 놓았다. 가방 근처를 지나가는 사람들에게 함부로 접근하지 말라는 경계의 의미로 검은색 안경을 썼다. 안경 착용도 마음에 차지 않아 일어나 허리를 꼿꼿하게 세우고 두 어깨도 쫙 폈다. 상대에게 위협적인 모습을 보여 주려고 목 근육을 보자기처럼 과도하게 펼치는 목도리도마뱀 흉내를 낸 것. 스스로 늠름해 보였다. 그러나 지나치게 긴장하여 경비를 한 탓일까? 땀이 나려는 듯 등이 따끔따끔했다. 극심한 가뭄으로 단풍잎처럼 노랗게 변한 활엽수 그늘이 시들어 시원함을 잃었다. 시간이 지나자 구경을 마친 가족들이 가방 주위로 모여들었다.

▲ 극심한 가뭄으로 말라버린 나뭇잎

파리 일정이 끝났다. 공항으로 이동하여 동서와 합류한 뒤 체코로 갈 것이다. 출발에 앞서 노화된 활엽수 그늘 아래서 점심을 먹었다. 점심은 어원 그대로 간단한 식사였다. 빵과 과일로 허기를 면할 정도였다. 이런 식사에 누구 하나 불평하지 않았다. 그러고 보니 우리 가족들은 잘 먹는 것을 여행의 보람 속에 넣지 않은 것 같았다. 배의 허기는 참아도 눈의 허기는 참을 수 없는 사람들로 구성된 여행단이었으니.

떠날 시간이 되어 조카들이 택시를 불렀다. 미술관 바로 앞쪽에 콩코드 광장이 있는데 가방을 끌고 그곳으로 내려갔다. 콩코드 광장, 국왕 루이 16세를 비롯하여 천 명 이상의 귀족들을 단두대에 눕혀 처형했던 혁명의 광장. 모순된 계급 구조를 무너뜨린 숭고한 시민 정신이 살아 숨 쉬는 곳, 이곳은 프랑스 민주주의 성지다. 광장 분수대에서는 자유와 평등을 쟁취한 옛 파리 시민들의 기쁨의 함성이 푸른 하늘로 힘차게 솟구치고 있었다. 권력의 손잡이는 통치자에게 쥐어져 있는 것이 아니라 시민(국민)에게 쥐어져 있다는 불변의 진리가 광장을 뜨겁게 달궜다.

옛 파리 시민들이 운집하여 혁명의 과정을 숨죽이며 지켜보았던 콩코드 광장. 마침내 계급의 사슬을 끊고 자유의 몸이 된 군중의 힘찬 발걸음 소리가 돌처럼 굳은 곳, 광장과 인도 경계석 틈새에서 가뭄에 지친 풀들이 간절히 빗방울만을 기다리고 있었다. 그런데 축 늘어진 풀들 가운데서 시들지 않은 풀 한 포기가 있었다. 낯선 곳에서 발견한, 전혀 낯설지 않은 풀이었다. 쇠비름이었다. 콩코드 광장에서 힘든 내색 하나 없이 생기 있게 줄기를 펴고 있는 쇠비름을 보다니!

쇠비름, 내가 잘 알고 있는 한해살이 풀이다. 이것은 줄기가 통통하고 뿌리 위에서 여러 갈래 퍼지는데 붉은색을 띤다. 잎은 땅콩 알맹이처럼 길쭉한 타원형이고 푸른색을 띤다. 줄기와 잎에 수분이 많아 이것을 다육식물에 포함시키기도 한다. 뿌리는 짧은 편인데 손으로 여러

번 훑으면 줄기보다 더 붉게 변한다. 이 풀에 몸에 좋은 영양분이 있다는 사실이 알려지면서 식용 또는 약용으로 그 쓰임새가 확산되고 있다.

이런 쇠비름을 지겹도록 뽑았던 시절이 있었다. 어릴 적 고향 고추밭의 풀은 대부분이 쇠비름이었다. 이 풀은 다른 풀에 비해 수분이 많아 무거웠는데 다행히 뿌리가 짧아 잘 뽑혔다. 그래서 쇠비름만 나 있는 고랑은 풀 뽑기 진도가 빨랐다. 뽑은 쇠비름이 다시 살아날세라 흙을 털어 뿌리가 하늘을 향하도록 뒤집어 놓았다. 여름 내내 풀을 얼마나 뽑았던지 손에 풀물이 진하게 들었다.

그러나 쇠비름은 호락호락 쉽게 죽지 않았다. 다른 풀은 뽑아서 밭고랑에 놓으면 삼복 땡볕에 이내 말라 비틀어졌지만 쇠비름은 예외였다. 며칠이 지나도 멀쩡했다. 고추 말뚝 위에 올려놓아도 소용이 없었다. 낮에 시들었다가도 밤에 이슬이 조금만 내려도 멀쩡하게 다시 살아났다. 아무리 모질게 짓밟거나 짓밟혀도 생명의 의지를 절대 굽히지 않는 불사조 같은 풀이었다. 쇠비름은 일제 강점기 제국주의 무력에 맞서 싸운 애국 투사 독립군 같았다.

경험으로 보아 쇠비름은 우리 땅에서 자라는 풀이다. 한국 풀이다. 이런 쇠비름이 콩코드 광장에서 자라고 있다니 놀랍고 신비했다. 혼란스러운 상황이었지만, 이 풀의 발견으로 오랫동안 품고 있었던 '쇠비름은 한국 풀이다'라는 판단 명제는 잘못된 것임을 깨달았다. 한국 풀은 한국에서만 자라야 한다는 조건을 어겼으니 말이다. 그러니 어찌하랴, 이 모순의 상황을! 어쨌든 택시가 도착할 때까지 이 난제를 해결하고 떠나야 한다.

콩코드 광장에서 강인하게 살아 있는 쇠비름을 보면서 나는 확실한 믿음을 거두어야 했다. 생각을 양보하며 몇 가지를 추론해 보았다. 한국의 풀인 쇠비름이 과거 어떤 기회로 이곳으로 건너와 자란 것일까? 이런 생각, 가능성이 있다. 제주 한라산 구상나무가 유럽에 전파되어 성탄절 장식용으로 쓰이고 있는 사례가 있으므로. 아니면 쇠비름이 원래 프랑스에서 자라고 있었던 풀인데 어찌어찌한 일로 한국에 전파된 것은 아닐까? 이런 생각도 가능성이 있다. 조선 후기 프랑스 선교사들이 우리나라에 들어와 포교를 할 때 이 풀 씨앗을 들여온 것은 아닐까? 사례의 거리감은 있지만, 모네가 일본에서 대나무를 들여와 지베르니 연못가에 심어 놓았듯이 말이다. 이 두 가지가 모두 아니라면 전 세계 모든 곳에서 자라는 다국적 풀일까? 이 문제를 짧은 시간 안에 해결할 가능성은 희박했다. 택시가 도착했기 때문에.

우리는 일사불란하게 택시에 가방을 실은 뒤 콩코드 광장에서, 프랑스 파리에서 완전히 발을 떼었다. 택시가 공항으로 출발했다. 나는 창밖을 바라보며 쇠비름에게 급히 질문 하나를 던졌다. '콩코드 광장의 쇠비름, 너의 국적은 어디니?'

2019. 7. 30. ~ 8. 9.

CHAPTER 2

체코 프라하

8. 2.~8. 3.

14. 하룻밤 묵기 민망했던 프라하 민박집

8월 2일 오후, 가족 여행단은 파리 드골공항에서 동서와 합류, 체코행 비행기를 탔다. 체코는 어떻게 여행의 문을 열어 줄까? 1990년대에 동유럽을 휩쓴 개혁·개방의 흐름으로 대다수 국가들이 공산권에서 벗어나 시장경제 체제를 수용했다. 체코도 그 대열에 합류했다. 여행도 자유롭게 할 수 있게 되었다. 그래도 마음 한구석에는 냉전주의적 사고가 그을음처럼 남아 있었다. 과거 무장간첩들이 침투할 때 소지했던 체코제 권총의 인상이 다시 떠올랐다. 케케묵은 생각을 떨치지 못한 채 몸을 이륙시켰다.

하늘에서 바라본 유럽의 평야는 누런 밀밭과 황토밭, 점점이 푸르게 펼쳐진 산들이 뒤섞여 바둑판 모양의 거대한 체크무늬를 형성했다. 영국 사람들이 체크무늬를 발명할 때 바로 이런 모습에 착안해서 만든 것인지 모르겠다. 파리에서 이어진 체크무늬 평야는 독일을 거쳐 체코까지 내내 이어졌다. 1시간 30분 동안 이런 모습을 내려다보니 체코에 대한 편견이 한결 많이 누그러졌다.

간단한 입국 수속을 마친 11명의 여행단이 공항 출구를 빠져나오자 우리를 기다리던 민박집 승합차 기사가 '환영 ○○○ 가족'이라는 문구가 적힌 큰 종이를 펴들고 반갑게 마중했다. 근처 주차장으로 가서 승합차 두 대로 나눠 타고 민박집으로 향했다. 어둠이 내리는 평원을 한참 질주한 차가 프라하 시내로 접어들더니 이윽고 숙소에 도착했다. 승강기를 타고 올라가니 비엔나에서 먼저 도착한 아들이 우리를 반갑게 맞이했다.

12명 대가족이 묵을 방은 세 개였다. 두 개는 큰 방으로 그중 하나는 여자들이 쓰고 다른 방은 조카들이 쓰고 나머지 작은 방은 나와 동서가 쓰기로 했다. 짐을 풀어 정해진 방으로 들어갔다. 그러자 주인은 민박 예약자인 조카를 불러 식탁에 앉혔다. 계약 사항이 빽빽이 적힌 종이에는 손님들이 '해야 할' 의무 사항과 '해서는 안 될' 금지 사항들이 나열되어 있었다. 불빛이 흐린 식탁에서 주인은 조카에게 취조하듯 일방적으로 지시 사항들을 일러주었다. 그중에서 가장 거북했던 것은 '밤 10시 이후 외출 금지' 문구였다. 민박 기대감이 한순간에 날아갔다.

민박집 분위기는 우리의 여행 낭만을 충족시키지 못했다. 화장실과 목욕실, 그리고 부엌을 보니 온통 협조 사항과 금지 사항의 문구가 덕지덕지 붙어 있었다. 벽과 서랍마다 붙여진 종이들이 법원 압류 딱지처럼 보였다. 여행 피로가 종이 딱지처럼 온몸에 들러붙었다. 10시 이

후 외출 금지 조항을 의식한 조카들은 밖으로 나가 컵라면과 과자, 음료수 등을 사왔다. 아직 저녁을 해결하지 못한 터여서 컵라면과 즉석밥으로 간단하게 때웠다. 행동 자유를 구속당한 우리는, 거미줄에 걸린 곤충처럼 일방적인 민박집 행동 지침에 압박을 당했다. 체코는 자유로운 국가가 된 지 오래되었건만 민박집은 영 자유롭지 못했다. 불평등 숙박 계약, 체념한 우리는 입대한 훈련소 신병들처럼 시간에 맞춰 잠을 자야 했다.

다음 날, 일찍 잠이 깬 동서가 거리를 산책하자고 했다. 파리의 새벽처럼 프라하 시내도 공기가 서늘했다. 트램은 기지개를 켜고 새벽 어스름을 쓸면서 다니기 시작했고 취기가 덜 가신 프라하 젊은이들은 비

▲ 바츨라프 광장 언덕에 자리한 프라하 국립박물관

틀거리며 골목 어디론가 사라졌다. 동서는 그들과 마주치지 말고 빨리 걷자고 했다. 이런 곳에서 잘못 시비라도 붙으면 좋을 것 하나 없으니 피해서 다니자고 했다.

언덕 방향 길을 따라 오르니 프라하 국립박물관이 나왔다. 규모가 큰 건물이었는데 너무 이른 시간이어서 들어갈 수는 없었다. 길 건너 언덕 안내판에는 박물관 착공 당시(1885년)와 준공 때, 그 이후 건물 보수 때 찍은 흑백 사진들이 전시되고 있었다. 그 아래쪽에는 초기에 운행되었던 낡은 트램 두 량이 프라하 도시 시간에 녹슬어 가고 있었다. 자세히 보니 간이 음식 판매대로 쓰이고 있었다. 창문 위에는 '코카 콜라'Coca Cola 문구가 선명하게 박혀 있었다. 체코에 미국 자본주의를 상

▲ 코카 콜라 상표가 선명한 트램 카페. 초기에 운행했던 트램을 개조하여 카페를 만든 것

체코 프라하

징하는 음료수 상표가 녹슬지 않고 굳건히 자리를 잡고 있던 것이다.

몇 곳을 더 돌아보고 숙소로 돌아왔다. 일찍 아침을 먹고 관광 일정을 소화해야 했기에. 돌아와 보니 모두들 일어나 관광 채비를 마치고 있었다. 식탁에는 아침 식사가 준비되어 있었다. 민박집 주인이 정성스럽게(?) 차려 놓은 것. 전기밥솥으로 밥을 하고 그 옆에는 접시 몇개에 무말랭이 무침, 마늘종 장아찌 무침 등을 민망할 정도의 양으로 올려놓았다. 담아 놓은 반찬이 적어 작은 접시가 크게 보였다. 다른 솥에는 속이 비치는, 호두과자 크기의 만두로 끓인 국이 있었다.

새벽 일찍 걸어서인지 배가 몹시 고팠다. 그런데 접시에 밥을 덜 때 고민이 생겼다. 유럽에 와서 처음 먹는 흰 쌀밥. 새벽 걷기로 위장을 완전히 비운 상태에서 주걱으로 양껏 밥을 푸려니 다른 가족들의 눈치를 봐야 했다. 맘먹으면 혼자서도 다 먹을 수 있는 밥을 차마 배불리 푸지 못하고 한 숟갈 분량으로 퍼 담았다. 거기에 가족 수를 고려해 반찬을 몇 개씩 계산해 덜었다. 식탁에 둘러앉아 수저를 들었다. 배고픈 여행단의 아침 식사. 밥이라도 많이 먹어야 할 텐데. 건장한 20대 조카들의 아침 목구멍을 즐겁게 해야 할 텐데. 몇 번의 수저질로 접시들이 깨끗이 비워졌다. 그런데 이게 웬일인가? 모자랄 것 같았던 밥이 오히려 남았다. 서로를 배려하는 마음에서였다. 한 숟갈 분량의 눈부신 흰 쌀밥이 프라하 민박집 밥솥에 남다니! 나는 다시 접시를 들어 남은 밥에 주걱을 댔다. 가족들 모두 자리를 뜬 뒤였다.

식탁 한쪽에서 우리의 식사를 흐뭇하게 지켜보던 민박집 주인은 내 수저질을 끝까지 지켜볼 참이었나 보다. 12명 대가족의 아침 식사 분량으로는 준비한 음식이 턱없이 부족하다는 사실도 모른 채 말이다. 30대 초반의 주인은 다니던 직장을 그만두고 프라하에 와서 민박을 하고 있다고 했다. 민박을 한 지는 2년 정도 되었다고. 이곳을 찾는 한국인들을 위해 음식 재료를 모두 한국산으로 구입하고 있다고 힘주어 자랑했다.

마지막 수저질을 하고 나서 나는 어젯밤부터 보았던, 식탁 서랍마다 붙어 있는 경고성 문구들을 다시 한 번 확인했다. "서랍 속에 있는 물건들을 함부로 뒤지지 마세요." 나의 눈이 고정된 부분은 '함부로 뒤지지 마세요'라는 서술부였다. 동사 '뒤지다'는 '무엇을 찾으려고 이리저리 헤치거나 곳곳을 살피다'의 뜻을 갖고 있다. 그런데 이 문맥에서 '뒤지다'는 부사어 '함부로'의 수식을 받아 매우 부정적인 뜻, 불쾌한 뜻으로 바뀐다. 주인은 손님을 의심하고 경계하려는 의도가 있기에 손님 입장에서 보면 매우 기분 나쁜 표현으로 해석할 수 있다. 더 악의적으로 해석하면, 손님이 서랍 속 물건을 가져가려는 것을 사전에 단속하기 위해 써 붙인 문구로도 보인다. 공짜도 아닌, 돈 내고 숙식을 하러 온 사람들은 기분 나쁠 수 있다. 민박집을 한 지 2년이 된 주인한테는 사업 전망을 예측할 수 없게 할 수 있는 부정적 표현이라고 생각했다. 숙박업을 하려면 손님이 편안하게 지낼 수 있도록 친절과 세심한 배려가 몸에 배어 있어야 한다.

이곳을 그냥 떠날 것인가? 말해 주고 떠날 것인가? 민박집 앞날을 위해 말해 주기로 했다. 먼저 내가 국어학자임을 밝히면서 문제의 문구를 거론했다. 앞에서 다룬 문구가 손님 입장에서는 부정적인 의미로 해석될 수 있음을 지적했다. 민박집 주인은, 하룻밤 묵은 손님이 문구 내용을 문제 삼는 것에 적이 놀라워하는 표정이었다. 나는 문구를 본 어젯밤부터 기분이 좋지 않았다고 사실대로 털어놓았다. 그러면서 한 가지 제안을 했다. '필요한 것이 있으면 저에게 부탁하세요'라는 순화된 문구를 사용하는 것이 어떻겠냐고. 지적을 고맙게 수용하는 듯 주인의 표정이 밝아지기 시작했다. 그 모습을 보면서 자리에서 일어섰다. 프라하 민박집에서 나눈 민망한 대화였다.

15. 도시 인문학의 새벽을 여는 트램

프라하 민박집에서 일찍 잠이 깬 나와 동서는 시내 구경을 하려고 밖으로 나왔다. 써늘한 공기 탓이었을까 팔에 좁쌀만 한 소름이 돋았다. 어둠이 채 가시지 않은 골목마다 가로등의 흐릿한 불빛이 매미 울음처럼 부서져 내렸다. 바닥에 내려앉은 비둘기 몇 마리가 가로등 불빛을 쪼고 있었다. 차도와 인도의 경계가 밋밋한 새벽길, 사람이 거의 없는 길을 걷고 있으려니 기분이 상쾌했다. 새벽 어스름을 쓸어 내며 트램이 지나갔다. 프라하의 하루가 밝기 시작했다.

트램. 유럽을 대표하는 도시 교통수단이다. 이것은 도로에 부설한 철로를 따라 이동하는 전차인데 보통 3~6량으로 구성되어 있다. 운행 속도는 35~40km 정도. 일반 도로의 노면 높이로 철로를 깔아 다니는 것이기에 자동차와 함께 도로를 사용한다. 이것은 도시 곳곳을 누비고 다닐 뿐만 아니라 배차 간격도 촘촘한 편이어서 버스를 제치고 대중교통의 간판이 되었다.

▼ 유럽의 트램. 사진 속 트램은 비엔나에서 운행 중인 트램

트램은 느리다. 느리게 다닌다. 시속이 기껏해야 40km 안팎이니 자전거 속도와 비슷하다. 유럽 사람들은 이 느린 교통수단을 즐겨 이용한다. 이것을 타고 직장에 가고, 시장에 가고, 극장과 음악회에 가고, 관공서에 간다. 또한 사람을 만나러 가기도 하고 목적지 없이 타고서는 느긋하게 시내 구경을 하기도 한다. 대중교통이라 요금도 싸서 누구나 부담 없이 탈 수 있다.

우리 가족 여행단이 트램을 처음 탄 것은 프라하였다. 파리에서 트램을 보기는 했지만 기회가 닿지 않아 타지 못했다. 프라하 트램은 전철과 비슷하여 이용하는 데 아무런 불편함이 없었다. 차량 좌우로 의자가 있어서 앉을 수도 있고 천장엔 손잡이가 서로 다른 높이로 달려 있어 자신의 키에 맞게 잡을 수 있다. 속도가 빠르지 않아 손잡이를 잡지 않아도 된다. 또한 방송과 문자로 정류장을 안내하여 가고자 하는 목적지에 정확히 내릴 수 있다. 무엇보다도 가장 두드러진 점은 창문을 크게 설치했다는 것이다. 창밖 풍경을 한눈에 볼 수 있도록 큼직하게 낸 것인데, 승객들의 눈을 위한 큰 배려라고 할 수 있다.

서두름 없이 느리게 운행하는 트램은 사람을 잘 따르는 순한 양과 같았다. 귀엽고 두툼한 털을 지닌 온순한 양, 트램은 새벽부터 사람들을 정성껏 실어 나른다. 여기에서는 빈부격차가 없다. 부자이든 가난한 사람이든 차별 없이 이용할 수 있기 때문이다. 그러니 평등의 공간인 것이다. 하나 더 덧붙이면 여기에는 지위고하도 없다는 점이다. 높은 자리에 있는 사람도 낮은 자리에 있는 사람도 똑같은 요금을 내고 차를 탄다. 서로 배려하고 존중하여 모두가 소중한 실존적 생명체임을 확인할 수 있는 이동 공간인 것이다.

유럽에서는 왜 트램의 운행 속도를 40km 정도로 정해 놓았을까? 이것은 트램을 생각할 때마다 떠오른 궁금증이었다. 트램의 느린 속도는 다른 교통수단인 자동차, 지하철과 같은 것에 비하면 너무도 억울한 속도다. 원래부터 구조적으로 문제가 있어서일까? 아닐 것이다. 신형 트램의 속도도 느리니 말이다. 아니면 도시의 교통안전을 위해서일까? 이것은 어느 정도 일리가 있다고 본다. 속도를 60~70km로 높이면 그만큼 교통사고 위험성이 높아질 수 있다. 이것의 차량 구성과 전체 무게를 고려할 때 유사시 큰 사고로 이어질 수 있다. 그렇다고 해도 이것이 트램의 운명적인 운행 속도를 결정하는 주요인은 아니었을 것이다. 그렇다면 다른 배경은 무엇일까?

나는 이 답을 프라한 성으로 가는 트램에서 찾을 수 있었다. 선로 위를 느리게 미끄러져 가는 트램 안에서 프라하 시내의 맑은 하늘처럼 투명한 유리창으로 거리 풍경을 바라보았다. 움직이는 것과 움직이지 않는 모든 대상이 망막으로 들어와 자리를 잡았다. 서로 다른 목적지로 걸어가는 사람들, 누군가를 만나 반갑게 이야기를 나누는 사람들, 점포 안에서 물건을 진열하는 사람, 과일을 포장하는 사람, 꽃다발을 안고 즐겁게 걸어가는 사람, 음료수를 마시며 걸어가는 사람, 그리고 경적도 없이 지나가는 도로의 차량들.

움직이지 않는 대상도 두 눈으로 계속 빨려들어왔다. 고딕과 로마네스크 양식으로 한껏 멋을 뽐는 5층 석조 건물들, 창가에 여름꽃 화분이 놓여 있는 남향의 예쁜 집, 건물의 품위를 끌어올리는 상가의 멋스런 광고판 글씨체, 여름 바람이 한가로이 낮잠을 자고 있는 골목길, 수백 년 동안 매끄럽게 닳고 닳은 길바닥 돌, 상가 건물을 다 가려도 가지 하나 잘리지 않고 우뚝 선 가로수, 도시의 삶을 구수하게 구워내는 빵가게, 접시마다 정갈한 이야기 가득 담긴 노상 카페.

내가 이런 풍경을 놓치지 않고 하나하나 다 볼 수 있었던 것은 느리게 달리는 트램 덕분이었다. 느린 속도여서 대상을 자세히 보고 감상할 수 있었던 것이다. 빠른 속도로 달려 지나갔다면 주마등 구경을 했을 터. 그러니 트램의 느린 속도는 도시를 통찰하는 데 있어서 최적 속도라고 할 수 있다. 거리를 바라보면서 도시인들의 삶을 이해할 수 있는 철학의 속도, 이것이 트램의 속도다.

느리게 가는 트램에서 느리게 보이는 것들, 그러나 자세히 보이는 것들. 빠르게 달리면 제대로 볼 수 없는 프라하 시내 풍경, 도시인들의 삶의 체취를 온몸으로 느낄 수 있는 풍경. 현재와 과거가 거대 공간에 질서 있게 응축되어 있는 도시가 여러 가지 문화 색깔로 꿈틀거린다. 이러한 역동성을 주의 깊게 포착하여 그 속에 존재하는 의미를 밝혀내는 것이 도시 인문학이다. 트램은 이런 소중한 경험을 모두에게 골고루 나누어 준다. 그러니 트램의 느린 속도는 도시의 본질을 탐구하는 인문학의 속도다. 유럽에서 트램의 속도를 40km 정도로 꽁꽁 묶어 놓은 것은 도시인들의 다양한 삶을 찬찬히 들여다보며 도시 문화의 본 질을 음미해 보도록 하기 위함이 아닐까?

▲ 시계가 탁 트인 블타바강

　시내를 빠져나온 트램이 강물처럼 느리게 블타바강 다리를 건너고 있었다. 상류와 하류의 강 트임이, 머리를 쓸어 올린 창가 아주머니의 이마처럼 시원했다. 산언덕에 자리 잡고 있는 프라하 성과 비투스 대성 당이 해사한 구름 왕관을 쓴 채 반갑게 손짓을 했다. 다리 아래로는 농익은 프라하의 여름이 맥주 빛으로 유유히 흘러가고 있었다. 느긋하 고 평온하게 살아가는 프라하 사람들의 이야기가 청포도처럼 알알이 익고 있었다. 다리를 건너고 나니 500m쯤 되어 보이는 다리가 두 배 나 더 길어 보였다. 느림의 착시 현상이었다. 트램의 느림 덕분이었다.

16. 돌, 서양 건축을 빛내다

아들이 독일 유학을 떠났을 때였다. 어떤 집에서 살고 있는지 궁금하여 물어보았더니 "100년 된 집에서 살고 있다."고 했다. 그런 집에서 어떻게 사냐고 했더니 "집이 오래되었어도 튼튼하니 걱정하지 않아도 된다."면서 나를 안심시켰다. 한국에서는 최첨단 기술로 지은 아파트도 30년이 되어 안전 진단을 받아 기준에 미달하면 단지마다 '경축' 펼침막으로 도배하다시피 하며 재건축 속도를 높인다. 불안한 안전 등급을 오히려 공개적으로 자축하는 문화권에서 볼 때 독일의 '100년 된 집'은 매우 불안했다. 그러면서도 한편으론 무엇으로 지었길래 그리도 튼튼할까 하는 생각이 들었다.

이런 궁금증은 유럽 여행을 하면서 시원하게 풀렸다. 비록 4개국 여행이었지만, 이들 나라를 돌아다니면서 튼튼한 집의 비결을 알 수 있었다. 그것은 다름 아닌 돌이었다. 집을 비롯한 거의 모든 건축물을 돌로 지은 것이다. 어디를 가든 거의 석조 건축물만 눈에 띄었다.

▲ 루브르 박물관 전경

▲ 돌과 돌을 치밀하고 화려하게 결합한 베르사유 궁전 내부

아주 먼 옛날, 사람은 돌을 이용하여 살았다. 처음에는 강이나 개울에 널려 있는 돌을 주워 생활 도구로 썼다. 돌을 나무 자루에 묶어 손도끼를 만든 것이 대표적 예다. 그런 다음 지능이 점점 발달하여 돌의 일부를 떼어내거나 날카롭게 갈아 도끼나 칼, 화살촉을 만들었다. 이런 돌 연장으로 자연에서 채집을 하거나 수렵을 했다. 돌 연장은 인류 조상들의 지혜가 녹아 있는 최첨단 발명품이라고 할 수 있다. 그러나 이러한 석기들은 보다 새로운 생각에 밀려 사라지고 말았다. 석기 시대는 그렇게 인류 역사의 뒤안길로 사라졌다. 한 시대가 돌이 없어 사라진 것이 아니라 인간의 지능이 발달해 사라진 것이다.

그렇다고 해서 돌이 인류 생활에서 완전히 멀어진 것은 아니다. 지금부터 4,000~5,000년 전 이집트 사람들은 돌을 가지고 사막 위에 거대한 건축물을 만들었다. 그것은 바로 영원한 돌무덤인 피라미드다. 그 뒤 기원전 5~6세기에 그리스, 로마인들은 초대형 신전을 만들었다. 대형 경기장 겸 원형극장, 공동목욕탕 등도 세웠다. 이와 같은 석조 건축 기술은 시대를 거듭하면서 궁전과 성당, 성벽, 그리고 일반 주거 건물로도 확대되었다.

이와 같이 돌로 시작해서 돌로 끝나는 것이 유럽 건축의 흐름이었다. 유럽 사람들은 왜 수천 년 동안 돌을 건축 소재로 했을까? 답은 간단하다. 돌은 단단하여 수명이 길기 때문이다. 돌로 지은 건축물은 육중한 느낌이 든다. 건축물마다 안정감이 드는 까닭은 여기에 있다.

돌 구조물들은 프랑스 파리, 체코 프라하, 오스트리아 비엔나, 스위스 취리히 등지에서 비슷한 양식으로 자리 잡고 있었다. 파리 루브르 박물관, 오르세·오랑주리 미술관, 베르사유 궁전, 프라하 성 대성당, 비엔나 쇤부른 궁전, 벨베데레 궁전 등이 모두 돌로 지어졌다. 궁전들은 이미 수백 년이 지난 건축물인데, 돌로 지은 일반 주거 건축물도 궁전과 같은 건물 수명을 기록할 것으로 보인다.

유럽에서 돌 건축 문화가 발전한 것은 결정적으로 콘크리트가 있었기 때문이다. 콘크리트는 로마 시대부터 본격적으로 사용되었는데 돌과 돌을 강하게 접착시키는 이 재료는 이후 석조 건축을 유럽의 건축 양식으로 자리매김하는 데 크게 기여하였다. 접착성과 방수성을 지닌 콘크리트가 돌과 어울려 유럽을 거대 동일 건축물 전시장으로 만든 것이다.

유럽은 지질학적으로 볼 때 사암과 석회암, 그리고 대리석이 널리 분포하고 있다. 돌로 건축을 할 때 주변에 널려 있는 돌을 사용하는 것은 자연스러운 일이다. 이들 돌 가운데 사암과 석회암은 벽과 기둥, 주춧돌 같은 건축물 골격을 형성하는 데 쓰였으며 대리석은 주로 실내 장식을 하는 데 쓰였다.

그런데 여기서 한 가지 생각해야 할 것은 돌의 특성이다. 돌은 다른 재료에 비해 무겁고 단단하다. 먼 옛날, 지금과 같은 채석 및 운반·가공 기계가 없던 시대에 무겁고 단단한 돌을 어떻게 건축 재료로 만들 수 있었을까? 신전의 거대한 원형 돌기둥을 어떻게 가공하여 높이 세웠을까? 현대 건축 기술로 그리스·로마 신전들을 똑같이 만들 수 있을까? 당시의 석조 건축 기술을 흉내라도 낼 수 있을까? 신전 사진을 볼 때마다 그들의 건축 기술이 놀라워 경외스러울 따름이다.

석조 건축물을 완성하려면 먼저 건축을 계획하고 설계를 한 다음 돌을 운반하여 가공을 해야 한다. 건물 안이든 밖이든 공학적·예술적으로 다듬어 쌓아 올려야 한다. 다듬지 않으면 투박하여 볼품없는 돌무더기에 지나지 않는다. 앞에서도 말했지만, 건축을 하기 위해서는 채석장에서 돌을 떼어내 현장으로 날라야 한다. 돌은 가볍게는 수십 킬로그램에서 무겁게는 수백 킬로그램, 또는 수 톤이나 된다. 무거우면 무거울수록 작업이 매우 힘들고 어렵다. 자칫 잘못하면 다치는 것은 물론이거니와 목숨을 잃을 수도 있다. 그러니 무거운 돌덩이를 옮기고 다듬어 쌓는 데에는 당대 최고의 기술을 쏟아부어야 한다. 수많은 일꾼과 석공들, 예술가와 건축가가 각자의 역량을 최대한 발휘하여 궁전도 짓고 성당도 지을 수 있었던 것이다.

여행을 하면서 보았던 모든 석조 건축물은 예술성이 빼어났다. 특히나 성당은 종교성과 예술성을 종합하고 강조한 완벽한 구조물이었다. 돌을 다듬어 가장 아름답고 성스러운 공간을 만든 인간의 지혜가 성당의 첨탑처럼 빛났다. 성당이 오래도록 유럽 건축의 권위와 자존을 지키고 있는 까닭은, 으뜸 성전을 만들려는 인간의 무한 신앙이 건물 전체에 투영되었기 때문이다. 프라하 성 비투스 대성당과 비엔나 성 슈테판 대성당의 신성한 내부 공간을 바라보면 신이 자신의 피조물인 인간을 천국으로 인도한다는 확실한 믿음을 불러일으킨다. 사람들이 유럽 여행을 할 때 대성당을 왜 첫 번째 관광 순례지로 꼽는지 쉽게 이해할 수 있다.

▲ 비엔나 슈테판 대성당　　　　　▲ 프라하 성 비투스 대성당

한편, 궁전의 화려함도 돌에서 비롯된다. 내부의 화려함과 외부의 화려함도 돌에서 우러나온 것이다. 장인의 혼으로 돌에 예술의 온기가 충만히 돌게 한 것이다. 일반 주택들도 예술성이 빛난다. 이들 건물은 철근 콘크리트로 지은 건물하고는 질감의 차원이 다르다. 돌로 지은 건물 외벽에 아름다운 부조를 곁들여 건물의 품격을 높였다. 주택 건물은 일반적으로 5층으로 되어 있는데 이 건축물의 아름다움은 결코 궁전 건물에 뒤지지 않는다. 건물의 규모만 다를 뿐이다.

석조 건물로 늘어선 유럽 시내를 걷다 보면 고풍스러움이 진하게 피어오른다. 건물이 천박하지 않아 조금도 싫증이 나지 않는다. 돌은 친근한 자연물이다. 돌로 빚어 놓은 건축물, 이것은 인간성을 꽃피우는 소중한 공간이다. 사람을 위한 공간, 비로소 사람이 빛나는 공간. 나는 이러한 공간의 가치를 곱씹으며 아들의 그 말이 틀리지 않았음을 확인하였다.

▶ ▷ ▶

17. 대통령 집무실로 쓰이는 프라하 성 왕궁

블타바강을 건넌 트램이 산언덕을 올라 종착역에 도착했다. 그리 높지도 않고 경사도 완만한 곳에 트램을 부설하여 시민들의 이동 편의를 도모한 것으로 보였다. 트램을 타고 온 다국적 관광객들과 함께 언덕길을 걸어 내려가니 광장 뒤로 고풍스런 건물들이 우뚝 서 있었다. 프라하 성이었다.

프라하 성은 시내를 한눈에 내려다볼 수 있는 특급 전망대였다. 전망대는 높이가 중요한데, 바라보는 자리가 너무 낮으면 시야가 확보되지 않아 조망성이 떨어지고 바라보는 자리가 너무 높으면 대상의 윤곽이 흐릿해진다. 이런 면으로 볼 때 프라하 성은 이상적인 조망 원근법을 경험할 수 있는 명소라고 할 수 있다.

제일 먼저 눈에 들어온 것은 블타바강이었다. 프라하의 역사와 전통문화를 잉태하고 낳은 푸른 탯줄, 블타바강. 푸른 탯줄은 프라하의 생기를 무한하게 공급하는 도시 원동력이라고 할 수 있다. 블타바강의

▲ 왕궁 광장에서 내려다본 프라하 시내

▲ 성밖 언덕의 포도밭

생기를 한껏 받아서였을까? 다홍색 머리로 곱게 치장한 도시의 주택들이 갈겨니 물고기처럼 강가에 모여 화려하게 군무를 펼치고 있었다.

　프라하 성으로 들어가려는 관광객들이 광장을 메웠다. 그런데 바로 들어갈 수 없었다. 동상이 서 있는 곳에서 웬 의식이 거행되고 있었기 때문에. 알고 보니 경비병들의 근무 교대식이었다. 하늘색 모자와 제복을 입은 두 병사가 전번 근무병과 임무 교대를 하는 것이었다. 이들은 인솔자의 구령에 따라 절도 있게 의식을 치렀다. 관광객들은 대검이 꽂혀 있는 소총을 바닥에 세운 채 이스터섬의 모아이 석상처럼 굳어버린 경비병들을 호기심 가득 찬 눈으로 바라보았다. 한 병사는 관광객들의 시선을 감당하기 힘든 듯 잠시 눈을 감았다가 떴다. 관광객

▲ 왕궁 앞 근위병

들의 관심은 극복할 수 있었으나 화살처럼 쏟아지는 시선은 끝내 막아내기 힘들었던 것 같았다.

　매우 근엄하게 부동자세로 서 있는 병사들은 무엇을 지키는 것일까? 동상을 지키기 위해서일까? 관광객들을 보호하기 위해서일까? 아니면 마땅히 지켜야 할 대상도 없이 프라하 성을 찾는 관광객들을 위해 눈요기용으로 서 있는 것일까? 궁금증은 문이 열리자마자 바로 풀렸다. 이들은 프라하 성 입구에 위치한 대통령궁을 지키는 병사들이었다. 그렇다. 현직 체코 대통령이 집무하는 건물을 지키는 병사들. 꽤나 이색적인 광경이었다. 한 나라의 대통령이 상주하며 직무를 수행하는 곳에 시민들과 여행객들이 자유롭게 드나들며 구경할 수 있다니!

　프라하 성은 9세기에 공사를 시작해 14세기에 완공되었는데 여기에 왕궁을 비롯하여 성 비투스 대성당과 같은 이름난 건축물이 세워졌다. 왕과 황제들이 살던 왕궁은 100년 전부터 대통령궁으로 쓰이고 있다. 수백 년 동안 왕궁으로 사용했던 곳을 대통령궁으로 이름을 바꿔 공간의 전통을 잇고 있는 것이다. 체코는 왜 왕궁을 대통령 집무실로 용도 변경을 한 것일까? 이와 관련한 내용은 자세히 알 수 없으나 몇 가지로 추측해 볼 수 있다.

　먼저, 왕궁의 문화유산 자부심 때문이 아닐까? 프라하 성을 입장한 뒤 대통령궁 외관은 볼 수 있었으나 그 내부는 대통령 경호 문제

등으로 들어갈 수 없었다. 건축물의 구조와 특성은 다르지만, 같은 성 안에 위치한 성 비투스 대성당의 규모와 예술적 공간미를 헤아려 볼 때 대통령궁도 그와 비슷한 아름다움을 지니고 있을 것이다. 체코의 문화 정신이 살아 숨 쉬는 왕궁의 오랜 생명력을 보존하고 통치의 영속성 차원에서 이곳을 대통령궁으로 사용하는 것으로 보인다.

다음은, 왕궁의 튼튼함 때문이 아닐까? 이 건축물도 유럽의 많은 왕궁들처럼 돌로 지은 것이다. 석조 건축물은 역사적으로 증명되었듯이 견고하여 수명이 길다. 사암과 석회암, 대리석으로 지은 왕궁은 웬만한 화재와 지진에도 견딜 수 있다. 화재와 지진에 약한 목조 건축물과는 건물의 견고함을 논할 수 없을 것이다. 금이 가거나 내려앉아 무너질 염려 없는 안전한 공간에서 대통령이 직무를 수행하는 모습은 국민에게 통치 안정감을 심어 주기에 충분할 것이다. 왕궁이 아무리 화려하다 해도 건물이 낡아 붕괴 위험이 있다면 통치자는 불안하여 그곳에서 직무를 수행할 수 없을 것이다. 프라하 성 왕궁은 이런 걱정이 없는 튼튼한 구조물이어서 통치 체제가 바뀐 뒤에도 왕궁을 그대로 사용하는 것으로 보인다.

끝으로, 새로 대통령궁을 짓는 데 따른 막대한 예산을 절약할 수 있기 때문이 아닐까? 왕궁 대신 대통령 집무 공간을 따로 마련하기 위해서는 돈이 많이 든다. 필요하지 않은 일에 돈을 낭비하는 것은 대통령 통치 덕목과는 거리가 멀다. 프라하 성 대통령궁을 보면 체코의 역대 대통령들은 빛나는 왕궁을 집무 공간으로 적극 활용하려고 했던 것 같다.

그런데 유럽에서 왕궁을 대통령궁으로 사용하는 나라는 체코만이 아니다. 프랑스의 엘리제 궁전, 오스트리아의 호프부르크 왕궁, 이탈리아의 퀴리날레 궁전, 헝가리의 부다 왕궁, 스페인의 마드리드 왕궁, 폴란드의 바르샤바 궁전 등이 각각 대통령궁으로 쓰이고 있다. 이들 나라 가운데 일부 국가는 대통령궁 부속 건물에 미술관·박물관·전시관을 마련하여 시민들이 수준 높은 정신문화를 향유할 수 있도록 적극 나서고 있다. 대통령궁이 통치 공간만이 아니라 예술 문화 감상 공간으로도 기능하고 있는 셈이다. 이런 공간에서 직무를 수행하는 대통령은 현직 때는 물론이거니와 퇴임 후에도 무한한 존경을 받을 것 같다.

통치자의 공간은 시민과 가까워야 한다. 그래야 민심의 흐름을 잘 헤아릴 수 있다. 시민과 멀어지면 오만과 독선의 함정에 빠져 정치를 그르치기 쉽다. 세계 정치사를 보면 독재자의 공간은 언제나 세상과 멀었다. 프라하 성을 돌아보면서 이곳이 왜 시민들이 가장 선호하는 나들이 장소인지를 새삼 느낄 수 있었다. 시민들이 언제나 자유롭게 둘러볼 수 있는, 물리적·심리적으로 아주 가까운 대통령의 공간, 그런 공간이 프라하 성 안에 있다.

18. 모순이 모순에게 묻다

프라하 성으로 들어가니 체코의 문화 자존심, 성 비투스 대성당의 위용이 하늘을 찌르고 있었다. 길게는 1,000년, 짧게는 600년이란 성당 건축의 대역사가 첨탑보다 더 높이 빛나고 있었다. 한 건물을 짓는 데 이리도 오랜 시간을 바치다니! 후대에 길이 남을 빼어난 성당을 만들겠다는 체코인들의 종교 의지가 대단해 보였다.

건축물도 살아 있는 것이어서 시대마다 다른 문화 양분을 흡수하며 자란다. 성 비투스 대성당도 각 시대의 건축 양식을 수용하여 적층 문화 모습을 잘 보여 준다. 그래서였을까? 건축물이 가지고 있는 신성한 종교 문화 자기력이 프라하 성 안으로 강하게 흐르고 있었다. 프라하 성은 대성당 건축 기술과 예술성이 강렬하게 뿜어져 나오는 드넓은 자기장이었다. 관람객들이 쉽게 발걸음을 옮기지 못하는 까닭이 여기에 있다.

대성당 위용에 졸아든 몸을 겨우 추슬러 발길을 떼었다. 성당 건물에서 조금 벗어나니 좁은 골목이 나타났다. 건물 1층에는 서점을 비롯하여 인형과 엽서, 목공예품 등 여러 종류의 기념품을 파는 작은 가게들이 성곽처럼 길게 이어져 있었다. 여행에 목마른 사람들을 위해 커피를 파는 곳도 있었다.

▲ 성 비투스 대성당에서 가족들과 함께

그런데 나의 발길은 앞서가는 눈길을 따라잡지 못했다. 호기심 넘치는 눈길은 벌써 2층 전시장으로 향하고 있었으니 말이다. 서둘러 경사가 가파른 나선형 계단을 오르니 그곳에는 중세 시대 무기 전시장이 기다리고 있었다. 과거 한 시대 사용되었던 무기를 체계적으로 보여주는 곳이었다. 진열된 각종 무기류를 보자마자 눈이 휘둥그레졌다. 칼과 창, 철퇴를 비롯하여 금속제 방패와 갑옷과 투구, 사슬 갑옷 등이 우리나라와 사뭇 달라 이국적이었다. 칼과 창, 철퇴 등은 공격용 무기에 해당하고 방패와 갑옷, 투구는 방어용 무기에 해당한다. 공격 무기는 하나같이 뾰족하고 예리해 상대를 제압하는 데 부족함이 없어 보였으며, 방어 무기는 몸을 보호하는 데 부족함이 없어 보였다. 특히 금속제 갑옷은 사슴벌레처럼 관절이 유연하고 빈틈이 없어 이것을 착용

체코 프라하

하면 아무리 겁 많은 병사도 사
기충천하여 전투에서 이길 것만
같았다.

▲ 중세 시대 철제 갑옷

창과 방패를 보고 있노라니
문득 한자어 하나가 떠올랐다.
바로 '모순'(矛盾)이었다. '모순'(矛
盾)은 창과 방패를 뜻하는데, 더
풀어보면 '창 모(矛)', '방패 순(盾)'
이다. 창과 방패, 두 개의 대상
을 가리키는 '모순'의 의미는 상
형 문자답게 글자의 외형으로 잘 드러나고 있다. 먼저 '矛'는 글자의 획
끝이 모두 날카로워 창을 쉽게 떠올리게 하며, '盾'은 글자를 구성하는
'目'의 형태에서 알 수 있듯이 무엇으로부터 자신을 보호하는 방패의
모습을 떠올리게 한다.

'모순'과 관련한 유명한 고사가 있다. 옛날 중국 초나라에 창과 방
패를 파는 사람이 있었다. 그는 방패를 들고 말하기를 "이것은 단단하
여 그 어떤 창도 막을 수 있다."고 자랑하였다. 창을 들고 말하기를 "이
것은 날카로워 그 어떤 방패도 뚫을 수 있다."고 말했다. 그러자 구경
꾼이 "그 창으로 그 방패를 뚫으면 어찌 되겠는가?"라고 물었다. 그랬
더니 장사꾼은 더 이상 말을 할 수 없었다. 모든 것을 다 뚫을 수 있다

는 것과 모든 것을 다 막을 수 있다는 것은 세상에 함께 존재할 수 없다는 말이다.

창과 방패라는 기본적 의미를 지니고 있는 '모순'은 이처럼 의미가 확장되어 쓰이고 있다. 이 한자어는 '어떤 사실의 앞뒤, 또는 두 사실이 이치상 어긋나서 서로 맞지 않음'을 이르는 말이다. 말이 앞뒤가 맞지 않을 때 모순이라고 하는데, 이것은 일상생활에서 논리성이 어긋날 경우에 적용된다.

중세 시대 전쟁에 참가했던 병사들은 아마도 최고의 공격 무기와 방어 무기로 무장했을 것이다. 손에는 가장 날카롭고 뾰족한 공격 무기를 쥐고, 몸에는 가장 단단한 금속 방어 무기를 착용하고 생사의 공포가 이글거리는 전장으로 달려나갔을 것이다. 적의 살의적인 거친 숨소리가 들리는 지근거리에서 칼과 창을 휘두르고 찌르며 오로지 살아남기 위해 돌진했을 것이다. 모든 것을 다 뚫을 수 있다는 신념과 모든 것을 다 막아낼 수 있다는 신념, 이 두 신념을 몸에 두른 채 전투에 임했을 것이다. 이것은 가능한 추론, 아니 충분히 현실적이다.

이렇게 보면, 초나라 장사꾼의 말은 틀리지 않은 것이다. 그가 침이 마르도록 자랑한 창과 방패는 성능으로 볼 때 거짓이 아니었을 것이다. 자신이 팔고 있는 창으로 보면 상대방이 쥐고 있는 방패를 능히 뚫을 수 있는 것이고, 방패로 보면 상대방의 창을 능히 막을 수 있는 강력한 무기인 셈이다. 공격과 방어에서 이상적인 무기가 함께 공존하는 것이다.

▲ 중세 시대 각종 창 　　　　　　▲ 중세 시대 각종 투구

　중세 무기하고는 비교할 수 없을 정도로 발전한 현대 무기는 그 위력이 가공할 정도로 무시무시하다. 무기의 끝판왕인 핵무기도 만들어 사용한 적이 있으니 말이다. 한편으로는 적의 어떠한 공격도 방어할 수 있는 무기를 만들어 실전 배치하고 있다. '모순'의 확장 의미는, 치열한 무기 경쟁 시대에서는 무용지물이라 할 수 있다.

　그러니 창과 방패의 성능을 한껏 자랑하던 초나라 상인의 말은 '모순'이 아니다. 오히려 창과 방패의 뛰어난 성능을 무시하고 논리적으로만 따진 구경꾼의 말이 '모순'이다. 오늘날 군사 강대국들은 '모순'의 첫 번째 의미만을 고집하며 최강의 무기를 만드는 데 혈안이 되고 있다. 그들에게 논리적 의미인 '모순'은 거추장스러운 관념에 불과하다. 이들 나라는 자국의 창으로 자국의 방패를 시험하지 않는다.

중세 시대 병사의 손을 떠난 창끝 날카로움이 아직도 녹슬지 않고 세상의 모든 것을 다 뚫을 수 있다는 기세로 의기양양했다. 중세 암흑의 속살이 게살처럼 빠져나간 갑옷은 전신의 관절이 아직도 쌩쌩한 채 세상의 모든 것을 다 막아낼 듯 로봇처럼 늠름하게 기립해 있었다. 그러면서 이들 무기의 '모순'이 논리의 '모순'에게 말했다. "국가마다 모든 것을 다 뚫을 수 있는 창과 모든 것을 다 막을 수 있는 방패를 동시에 확보하려고 경쟁하는 상황을 어떻게 설명할 것인가?"

19. 자유를 향한 끝없는 외침, 존 레논 벽

체코 프라하 여행을 하면서 가장 인상적인 곳은 존 레논 벽이었다. 프라하 성 아래 프랑스 대사관 맞은편에 자리 잡은 존 레논 벽은 관광객들, 주로 젊은이들로 발 디딜 틈이 없었다. 높이가 5미터쯤 되는 담장에 만들어진 이 벽에 프라하 도시하고는 거리가 먼 영국 가수 존 레논John Lennon, 1940~1980 이름을 갖다 붙인 이유가 있다.

1989년 동유럽에 개혁과 개방의 훈풍이 번지고 민주화 운동이 거세게 일고 있었는데 체코도 예외는 아니었다. 이때 젊은이들이 앞서서 평화 시위를 주도했는데 비틀즈의 노래가 그들의 자유 의지를 잘 반영하는 것으로 생각하고 자신들의 의지를 그림과 낙서로 표현했던 것이 지금의 존 레논 벽이다. 1998년에 새로 도색 작업을 했지만, 평화 구호를 비롯하여 세계인의 다양한 생각을 표현한 낙서들로 가득 채워졌다. 세계인들 낙서장이 된 지금은 평화를 갈구하는 마음보다는 관광객들이 하고 싶은 말들을 말과 그림으로 표현하여 예전 의미는 사라진 듯

했다.

존 레논은 세상을 떠났지만 그의 자유 의지를 기리려는 듯 저항의 낙서 벽은 관광객들의 다양한 생각을, 끓어오르는 생각을 표현하는 낙서장으로 바뀐 것이다. 이것을 반영하듯 극장의 대형 화면 같은 벽은 여행 기념으로 무언가를 남기고 싶은 사람들의 창의적인 그림과 문구로 도배되고 있었다. 벽 중앙에는 둥근 테 안경을 낀 존 레논의 얼굴 그림이 흑백으로 그려져 있었다. 이 그림 상하좌우엔 빼곡하게 알파벳과 한자, 그리고 우리글 한글로 새겨져 있었다. 처음 바탕색인 흰색은 낙서로 지워져 중화된 채 새로운 낙서의 색으로 시시각각 변하고 있었다. 지금 보이는 낙서는 다른 생각으로 덧칠되어 과거의 낙서, 아니 사라진 낙서가 될 수 있다. 오직 지금의 낙서만 존재하는 신비한 벽. 마네, 모네, 고흐, 르누아르 등 인상파 화가들도 도저히 흉내 낼 수 없는, 21세기 새로운 화풍이 탄생한 존 레논 벽.

생각이 끊임없이 덧칠되는 낙서 벽의 문구들을 끌어당겨 보았다. 'myhoodisgood', 'ALL YOU NEED', '주씨네 왔다 감',

▲ 존 레논의 초상화가 그려진 벽. 뒤의 고목은 그의 수호신인 듯싶다.

▼존 레논 벽 앞에서 열창을 하고 있는 가수

'ACT NOW', 'HONG KONG is part of CHINA', '이제 바른 자세를 입자 닥터 코르셋', 'FORZA NAPOLI', '臺灣獨立', 'TAYLA ♡ SIMPOON', 'O+I=♡', 'NEINAS 2019 MEXICO', 'HONG KONG IS NOT CHINA NEVER', 'Mattbew', '我愛中國', 'I love my world', 'STAND WITH HONG KONG', '中國祖國統一'.

문구들은 많지만 더 이상의 감식은 어려웠다. 이들 가운데 역시 내 눈에 확 띈 글자는 한글이었다. 발견된 한글 문구는 두 개 정도였으나 한국 관광객들이 많이 찾아온다는 점을 고려해 볼 때 덧칠로 사라진 문구들도 있었으리라고 본다. 특이한 점은 요즘 홍콩의 상황을 반영하듯 이에 관련하여 지지와 반대의 정치성 문구들이 여럿 포착되었다는 것이다.

　낙서, 이것은 '글씨나 그림 따위를 심심풀이로 아무데나 함부로 쓰는 것'을 말한다. 그런데 이러한 사전적 풀이는 존 레논 벽에서 사뭇 진지하게 자신들의 생각을 그리거나 표기하는 행위를 떠올리면 '심심풀이로 아무 데나 함부로'는 적합하지 않다는 생각이 들었다. 여기에 오는 사람들은 여행 출발 전이나, 아니면 이곳 현장에 도착한 뒤 평소에 하고 싶은 생각을 정리하여 벽에 표현했을 것이다. 그러니 이곳에서 낙서의 의미란 '꼭 하고 싶은 말을 글씨나 그림 따위로 정성 들여 표현하는 것'이라고 정의해야 할 것이다.

　낙서는 깊은 생각의 우물에서 정화수 같은 샘물을 긷는 정신 활동이다. '심심풀이로 아무데나 함부로' 하는 의미 없는 일 같지만 그렇지 않다. 무궁한 생각, 그것도 지금껏 한 번도 떠올리지 못했던 새로운 생각을 낙서로 경험할 수 있다. 낙서는 어느 봄날에 갑자기 땅속에서 솟아오르는 죽순과도 같다. 의식을 지배하는 무의식을 마중하러 나가는 글, 그래서 낙서는 마중 글이 될 수 있다. 프라하 존 레논 벽에 낙서를 한 사람들은 마중 글 선물을 얻어 가지고 돌아가 언젠가 좋은 글 한

편을 완성하리라 본다.

프라하는 유럽 여러 나라에서 볼 수 없는 또 다른 관광 자원 하나를 가지고 있는 셈이다. 이제 존 레논 벽은 처음하고는 변형된 기능을 갖고 있지만 독특한 문화 상품이 되었다. 여행을 하는 사람들은 다른 세상에서 다른 것을 보려고 한다. 이런 면에서 프라하 낙서 벽은 이들의 호기심을 충족시켜 주는 으뜸 볼거리, 으뜸 관광지로 탄생했다. 이곳은 그냥 스쳐가는 길거리가 아니라 사람들의 발걸음을 멈춰 세워 품었던 생각을 마음껏 풀어놓게 하는 프라하의 명소, 유럽의 명소다.

존 레논 벽의 잔영이 지워질 무렵, 팔당 댐 부근 낙서 벽이 생각났다. 중앙선 곡선 구간인 이곳은 서울-강릉 간 고속 철도가 완공되면서 폐선되었다. 그래도 옹벽은 길게 남아 있는데 젊은이들이 찾아와 낙서를 즐기고 있다. 주로 연인들이 와서 굳은 약속을 하고 그 증표로 여러 가지 그림과 문구를 남긴다. 처음엔 작은 글씨와 상징 그림으로 소극적인 표현을 했었는데 이제는 크고 다양한 그림과 문구들로 새롭게 변하고 있다. 그러니 사람들이 찾아와 옹벽에 무언가를 남기는 행위를 낯설게 보아서는 안 될 것이다. 우리의 문화 정서로 보았을 때 생각을 마음껏 표출할 수 있는 곳이 그리 마땅하지 않다. 그것도 야행성 표출 행위에 한정될 뿐이다. 팔당 댐 낙서 벽도 어쩌면 존 레논 벽처럼 이름이 널리 알려져 더 많은 사람들이 모여들 것이다. 그런데 한 가지 문제점은 접근성이 떨어진다는 것이다.

접근성이 뛰어난 서울 광화문에 낙서 벽을 만들어 보는 것은 어떨까? 국적 불문하고 다양한 사람들이 모여들어 자신의 생각을 여러 글씨로 가득 메울 수 있다면 서울의 또 다른 관광 상품이 될 것이다. 설치 비용도 그리 많이 들지 않을 것이니 한번 시도해 보는 것도 좋겠다. 존 레논 벽이 생각의 벽을 넘어 사상과 의식의 조화를 이루었듯이, 우리도 낙서 벽으로 생각의 벽을 넘어 보면 어떨까?

▶ ▷ ▶

20. 마음과 마음을 잇는 다리, 카를교

섶다리, 나무로 만든 우리나라 전통 다리다. 다리를 만드는 방법은 대강 이렇다. 와이(Y)자 모양의 나무 두 개를 통나무 양쪽 끝에 거꾸로 박은 다음 바로 세워 일정 간격으로 하천에 가설한다. 그런 뒤 다리 기둥 위에 굵은 소나무, 참나무 등을 들보처럼 건너질러 얹는다. 다리 골격이 완성되면 그 위에 솔가지를 촘촘히 깔고 흙으로 덮는다. 이런 과정으로 만들어지는 섶다리는 늦가을에 놓아 이듬해 비가 많이 오면 떠내려가는 한시적 다리다.

다리 폭이 그리 넓지 않은 섶다리는 사람만이 다니지 않는다. 소도 다닌다. 다리 위를 소와 주인이 함께 걸어가는 모습은 옛날 시골 정취의 진수가 아닐까 싶다. 이 다리에서는 모두 천천히 걷는다. 다리 폭이 좁다 싶으면 맞은편에서 걸어오는 사람을 기다렸다가 건넌다. 사람을 존중하고 배려하는, 참으로 인간적인 다리다. 여유 있고 낭만적인 이 섶다리를 누구나 한 번쯤 걷고 싶어 할 것이다.

섶다리는 아니었지만 체코 프라하에서 나는 인간적인 다리를 걸었다. 카를교다. 이 다리 이름은 카를 4세의 이름을 따서 붙인 것. 프라하 블타바강 위에 세워진 이 다리는 돌로 만들어진 것으로 길이는 520미터이며 폭은 10미터이다. 교각과 교각 사이는 반원형(아치형) 구조로 되어 있다. 카를교는 처음부터 돌로 만들어진 것은 아니다. 10세기 무렵에 이곳에 나무로 다리를 만들었는데 대홍수로 떠내려가 뒤에 다시 만든 것이 오늘날의 카를교다. 이 다리는 역사성만을 가지고 있지 않다. 예술성도 만만치 않다. 다리 난간에는 30여 개의 성스러운 예술품들이 다리의 품격을 빛내고 있다. 다리 끝에는 고딕 양식의 탑을 만들어 세웠으니 600년 유서 깊은 다리라고 할 수 있다.

차가 다니지 않는, 아니 다닐 수 없는 카를교엔 사람들로 북적거렸다. 사람들이 많아도 전혀 불쾌하거나 불편하지 않았다. 사람을 위해 만들어진 다리여서인지 관광객들은 배려의 발걸음으로 걸었다. 사람이 없는 쓸쓸한 다리가 아닌, 사람들로 가득 찬 다리, 그래서 더욱 신나는 다리, 아무한테나 말을 걸어도 상냥하

▲ 카를교 성상을 만지며 소원을 비는 관광객

게 말해 줄 것 같은 다리. 인종과 국적이 다른 관광객들은 이 돌다리 위에서 경치를 즐기고 이야기를 나누고 사진을 찍고 성상을 만지며 소원을 빌기도 했다.

▲ 여유롭게 카를교를 걷는 사람들

한가로이 다리를 거닐다 난간에 기대어 하늘과 프라하 성을 바라보았다. 하늘은, 백내장 수술을 받은 어머니가 오랜만에 보았다던 하늘처럼 티끌 하나 없는 프라하 여름 이야기를 뭉게구름으로 그려내고 있었다. 청포도 익어가는 언덕에 중후한 자태로 누운 프라하 옛 성은 따가운 햇볕을 쏘이며 중세의 시간을 곱게 문신하고 있었다. 카를교는 프라하 시내를 전망하는 노른자 자리다. 밤이 되어 카를교에 불을 밝히면 강물은 잔잔하게 제 몸 흔들어 은은한 불빛 수면화를 그릴 것 같았다.

먼 옛날 카를 4세는 이런 모습을 분명히 예상했을 것으로 보인다. 문화 예술적 감각과 성향이 뛰어났다는 기록을 보면 충분히 그러고도 남을 것만 같았다. 카를교가 내구성뿐만 아니라 예술적으로도 가치가 뛰어난 점을 고려해 보면 카를 4세는 이 다리를 아주 먼 후대까지 쓸 수 있도록 튼튼하게 만든 것 같다. 루이 14세가 베르사유 궁전에 온 힘을 쏟은 것처럼 카를 4세는 이 다리에 온 힘을 쏟았을 것으로 보인다.

카를교는 걸음을 재촉하지 않는다. 빠름을 재촉하지 않고 느림을 재촉한다. 사람들의 정겨운 이야기가 민들레 홀씨처럼 강바람에 날아오른다. 서로에게 닫힌 마음이 서로에게 열린다. 마음과 마음을, 사람과 사람을 가깝게 잇는다. 이 다리를 한 번만 걷는다면 정녕 세상 사람임을 가슴 벅차게 느낄 것이다.

▲ 중장비로 보강 공사를 하고 있는 모습

카를교에 이런 사람이 꼭 한 번 왔으면 좋겠다. 말만 번지르르하게 하고 실천은 하지 않는 사람, 자신의 이익에서 한 발짝도 물러서지 않는 사람, 남의 어려움을 강 건너

　　　　　　　　　체코 프라하

불 보듯 하는 사람, 그리고 다리 이름을 지을 때 '대교' 자를 붙여 '○○ 대교'라는 이름을 만들어야 직성이 풀리는 사람, 이런 사람들 꼭 한 번 와서 걸어보았으면 좋겠다.

여름날 오후 시원한 강바람을 쏘이며 카를교를 걷는 사람들, 오늘 나는 이런 사람들과 함께 있다. 동양인의 체취를 물씬 풍기는 나의 모습은 다리 위에서 악기를 연주하는 사람에게, 얼굴 그림을 그려 주는 사람에게 결정적인 영감을 떠올리게 할 수도 있으리라! 카를교는 사람의 다리, 예술의 다리이므로.

21. 여러 언어를 알면 여러 인생을 산다

"여러 언어를 알면 여러 인생을 산다(Pokud znáte mnoho jazyků, prožijete mnoho životů.)." 이것은 체코 속담이다. 속담이란 오랜 세월을 거쳐 삶에서 얻은 경험과 교훈이나 어떤 가치에 대한 견해를 간결하고도 형상적인 언어 형식으로 표현한 말을 뜻한다. 다시 말해서, 생활 경험에서 얻은 지혜나 교훈을 간단하게 다듬은 관용어라고 할 수 있다.

지구에는 수많은 민족들이 살고 있다. 이들 민족은 각각 자신만의 고유한 언어를 가지고 있다. 글자가 없는 민족은 있어도 말이 없는 민족은 하나도 없다. 말은 아주 편리한 의사 표현 도구다. 생각을 일정한 음성 형식으로 가장 쉽고 바르게 표현하는 것으로 생활에 필수적이다. 삶을 영위하기 위해서는 누구든 언어생활을 해야 한다.

모든 민족이 언어를 가지고 있듯이, 모든 언어는 속담을 가지고 있다. 속담은 언어 사용의 효율성이 매우 뛰어난 언어 형식이다. 생각을 경제적으로 표현하는 데 있어서 속담만큼 유용한 것이 없다. 백 마디

말보다 속담 하나 사용하는 것이 훨씬 더 유용하다. 따라서 속담은 언어 사용의 백미라고 할 수 있다.

속담은 민족의식이 고스란히 녹아 있는 것이어서 의식의 화석이라고 할 수 있다. 화석이 생성 당시의 지질·생물학적 상황을 있는 그대로 보여 주는 것처럼, 속담은 민족의 정신세계를 생생하게 품고 있다. 그러므로 속담을 알면 민족성을 보다 더 잘 이해할 수 있다. 속담을 아는 것은 민족성을 이해하는 지름길인 셈이다.

"여러 언어를 알면 여러 인생을 산다."에서 핵심어는 조건절에 쓰인 '언어'라고 할 수 있다. 따라서 이 속담은 언어와 관련한 속담에 해당한다. 물론 이러한 속담은 체코어에만 있는 것이 아니다. 한국어에도 있다. "가는 말이 고와야 오는 말이 곱다."거나 "낮말은 새가 듣고 밤말은 쥐가 듣는다." 등의 속담이 이에 속한다. 전자는 상대방에게 말을 부드럽게 해야 함을, 후자는 비밀은 지켜지지 않으니 조심해서 말을 해야 함을 일러주고 있다. 두 속담은 형식은 다르지만 말조심의 의미를 공통으로 가지고 있다. 이들 속담의 의미 기능은 언어 사용에 한정된다.

그런데 체코 속담의 의미는 이와는 좀 다르다. 이것은, 여러 언어를 습득하면 다양한 인생 경험을 할 수 있다는 뜻으로 언어 본질에 가깝다. 모든 언어는 저마다 고유한 문화 양식을 만들어 내는 형질을 가지고 있는데 세상을 다양하게 하는 중요한 요소다. 모든 언어가 동일한 문화 양식만을 낳는다면 이 세상은 획일화된 공간이 될 것이다. 단조로워서 볼 것이 마땅하지 않은 무미건조한 세상이 될 것이다. 언어는 이러한 일에 결코 순응하지 않는다. 획일화에 저항하여 지구를 아기자기하게 물들여 놓는다. 그러기에 다른 언어를 배우면 그만큼 다양한 문화를 경험하며 이해할 수 있는 것이다.

외국어를 배움으로써 얻을 수 있는 것은 헤아릴 수 없을 정도로 많다. 유학을 하여 해당 국가의 역사와 문화를 깊이 이해하거나, 여러 사람을 사귀거나, 교역으로 돈을 벌거나, 해당 국가에 취업을 하거나, 상사 주재원으로 근무하거나, 통역과 번역을 하거나, 외교관으로 자국의 대외 정책을 실현하거나, 외국 여행의 깊은 맛을 느낄 수 있거나 등등.

체코어에 이런 속담이 있는 것은 지리 환경으로 보아 자연스러운 일이라고 할 수 있다. 중부 유럽에 속하는 체코는 독일, 폴란드, 슬로바키아, 오스트리아에 둘러싸여 있다. 이것은 곧 체코어가 여러 언어에 둘러싸여 있음을 뜻한다. 서슬라브어군에 속하는 체코어는 슬로바키아어와 거의 같으며 폴란드어하고는 비슷

▲ 프라하 천문 시계

하거나 다른 점도 있다. 한편 체코어는, 독일어를 공용어로 사용하고 있는 독일과 오스트리아의 언어하고는 다르다. 체코 입장에서 볼 때, 체코어와 유사하거나 다른 이웃 나라 말을 배우면 다양한 기회를 얻을 수 있는 것이다. 이 속담에는, 주변국의 언어를 배워 새로운 세상으로 나가려는 모험주의가 깔려 있으며, 지금과는 다른 삶을 추구하려는 개척 정신도 들어 있다고 할 수 있다.

그런데 이것은 체코만이 누릴 수 있는 이로움이 아니다. 유럽의 거의 모든 나라가 경험할 수 있는 일이다. 유럽의 국가 분포를 보면 마치 벌집 구조와 비슷하다. 즉, 한 나라는 여러 나라와 이웃하거나 둘러싸여 있음을 뜻한다. 독일과 헝가리는 무려 여덟 나라와 국경을 이루고 있다. 이것은, 한 나라가 주변의 여러 나라와 서로 자연스럽게 교류할 수 있는 좋은 여건이 됨을 의미한다. 나라마다 문호를 개방하여 선린 우호 관계를 형성하는 기회가 되는데 여기에는 상대국 언어를 배워야 하는 전제가 따른다.

체코인들은 이러한 언어 기능을 오래 전부터 경험으로 인식했을 것이다. 체코가 소련으로부터 분리 독립한 것은, 체코어나 러시아어에 담겨 있지 않은 새로운 사상을 영어나 주변의 언어로 수용하여 지긋지긋한 냉전의 희생양으로부터 탈피할 수 있었던 점으로 보아 소중한 일이었다고 할 수 있다. 자유와 평화를 갈망하던 체코인들이 영국 가수 존 레논(John Lennon, 1940~1980)의 노래에서 자신감을 얻어 원하던 세상을 만들 수 있었던 것도 이런 속담의 의미 기능을 확대시킨 결과라고 본다. 기존의 낡은 질서를 타파해 그들만의 세상을 만들 수 있었던 원동력이었던 것이다. 공산주의 울타리에서 벗어나 자유 민주주의 국가를 세운 뒤 유럽 연합EU과 북대서양 조약 기구NATO에 가입했는데, 체코 입장에서 보았을 때 확실히 '여러 인생을 사는 것'이다.

세상을 이해하는 것은 결국 언어를 이해하는 일이다. 언어를 이해해야 세상을 폭넓게 내다볼 수 있다. 이웃 나라의 언어를 배우다 보면 지금까지 생각하지 못했던 일들을 즐거이 경험할 수 있다. 또한 다양한 생각을 가진 사람들과 교류하면 사고가 유연해지고 창의력이 향상된다. 이러한 일들은 궁극적으로 세계화의 길을 걷는 것이나 다름없다. 고유한 정체성을 지키면서 여러 나라와 교류하여 조화로운 지구촌을 만드는 일, 이것이 곧 세계화다.

"여러 언어를 알면 여러 인생을 산다."는 속담엔 특별한 언어 기능이 함축되어 있음을 알 수 있다. 속담을 통해 세계화를 전망한 체코인들의 혜안이 돋보인다. 이것은 오래전에 이런 세상을 내다본 예언 속담이라고 할 수 있다. 외국어를 배우는 일은 자신의 미래를 보람 있게 설계하는 인생 보험과 같다. 체코 속담은 이것을 확실하게 보증한다.

22. 낡은 편견을 지워 버린
프라하-비엔나 기차 여행

1박 2일, 아쉬움이 가장 많이 남는 체류 시간이다. 이런 느낌은 2박 3일, 또는 3박 4일에서는 하향 곡선을 보인다. 정성껏 손님을 맞이했던 주인과 주인의 공간에서 머물렀던 손님, 주객 두 사람을 따뜻하게 묶은 애틋함이 1박 2일 시간에서 최고로 형성된다. 그래서 떠나보내는 마음과 떠나는 마음이 서로 애잔하게 엉겨 붙는다. 이별의 의식은 늘 길어진다. 이 특별한 경험은 지워지지 않고 오래 남는다.

우리 12명의 여행 손님들, 짧은 1박 2일의 프라하 구경을 마치고 기차를 타기 위해 프라하 중앙역에 도착했다. 오후 4시가 넘은 시각, 오스트리아 비엔나로 떠나는 기차가 승강장으로 들어와 멈췄다. 문이 열리자 여행 가방을 열차 안으로 밀어 넣었다. 가방들이 전보다 더 묵직하고 부풀어 보였다. 프라하의 여운이 가방 속에서 급속 팽창했기 때문이리라.

8월 초 여행 성수기였음에도 승객들은 그리 많지 않았다. 우리는 마음에 드는 자리에 띄엄띄엄 앉아 기차 여행 호흡을 가다듬으며 출발을 기다렸다. 이제 4시간 동안 프라하 여행 추억을 되새김질하며 비엔나로 떠날 것이다. 출발 시간이 되자 기차는 서서히 선로 위를 미끄러져 나갔다. 승강장 표지판에 새겨진 'Praha' 글자가 빠르게 멀어지더니 이내 사라졌다.

▲ 프라하 중앙역

속도를 높이기 시작한 기차는 얼마 지나지 않아 우리에게 뜻밖의 깜짝 선물을 안겨 주었다. 체코의 여름 들녘이었다. 차창 밖으로 드넓게 펼쳐진 대평원. 평지보다 높게 부설된 철로, 그 위를 평행의 곧은 몸체로 달려가는 기차는 주변의 근경과 원경을 화보처럼 편집해 보여 주었다. 눈을 호강시키는 조망 횡재였다.

기차는 초원을 누비는 말처럼 대평원 한복판을 힘차게 달렸다. 산은 좀체 보이지 않는다. 아니 아예 산이 없다. 보이는 것은 오직 밀밭뿐이다. 지금까지 높고 낮은 산의 입체적 공간 속에서 답답하게 살아온 내가 바라보고 있는 것은 눈에 어떤 방해도 받지 않는 체코의 대평원이다. 땅과 하늘이 만나는 저 멀리 지평선이 늙으신 어머니 얼굴 주름처럼 돋아 있다. 신기루처럼 보이는 지평선 위로 하얀 예복을 곱게 차려입은 뭉게구름이, 프라하 여행을 마치고 떠나는 우리에게 눈부시게 환한 웃음을 지으며 배웅하고 있었다.

밀밭과 밀밭의 끝없는 배열의 수채화. 이미 수확을 마친 밀밭과 수확을 기다리고 있는 밀밭이 온통 황금빛으로 도금되었다. 유럽의 태양은 푸른 밀밭을 여름내 말려 황금 가루를 소복이 뿌려 놓은 것 같았다. 가지런히 밭이랑에 누운 밀짚이 삼베를 여러 겹으로 깔아 놓은 것처럼 싯누렇게 빛났다. 저 눈부신 황금빛이 밀레의 〈이삭줍기〉 그림에 고스란히 스며들면 앞치마를 두른 동네 여인들이 체코의 여름 들녘으로 걸어 나와 밀 이삭을 주울 것 같았다.

기차는 출발역과 종착역을 평행으로 달려 잇는다. 그렇다고 해서 쉬지 않고 달리는 것은 아니다. 중간에 멈춘다. 도시와 도시, 도시와 농촌을 연결하기 위해 멈춘다. 사람과 사람, 문화와 문화를 잇기 위해서다. 중간에 멈추지 않는 기차는 기능을 잃어버린 무거운 쇳덩이 구조물에 지나지 않을 것이다.

　한참을 달린 기차가 속도를 줄이더니 작은 시골 역에 정차한다. 기차역이 버즘나무 그늘처럼 공허하다. 내리는 사람도 오르는 사람도 별로 없다. 문이 열리자 기차역의 낯선 공허함이 높은 압력으로 밀물처럼 들어온다. 기차에 오른 두어 사람의 낯선 언어가 객실 냉방기 바람에 금세 가라앉는다. 대평원 여름 햇볕에 그을린 순수한 영혼의 얼굴들. 이렇듯 여행은 낯선 모습과 불쑥 마주치는 것, 연습도 없이 낯섦에

순응하는 것.

사람과 마찬가지로 동물도 여행을 한다. 살던 곳을 떠나 멀리 낯선 곳으로 간다. 이동이라는 의미로 볼 때 동물에게서도 여행의 의미를 발견할 수 있다. 그러나 완전한 의미의 여행은 아니다. 동물의 이동은 어디까지나 생존을 위한 먹이 활동에 지나지 않을뿐더러 느낌이 없기 때문이다. 그러므로 동물의 이동에서는 여행의 의미가 없다.

사람만이 여행을 한다. 살고 있는 곳을 벗어나 낯선 곳으로 멀리 떠난다. 낯선 곳에서 낯선 것들을 보고 느낀다. 이러한 이동과 느낌이 곧 여행의 의미라고 할 수 있다. 인간은 동물처럼 이동은 하지만 먹이 활동은 하지 않는다. 먹이 활동 대신 느끼는 일에 집중한다. 바쁜 삶을 이완시키며 여유롭게 새로운 세계를 이해하는 과정, 그러면서 정신 영역을 넓혀 가는 것, 이것이 곧 여행이다. 인간은 여행을 통해 보다 더 성숙한 존재가 된다. 여행을 해야 하는 까닭이 여기에 있다.

잠시 숨을 고른 기차가 몸을 추슬러 달리기 시작했다. 얼마를 가니 산인지 구릉인지 알 수 없는 언덕배기 숲속에 묻혀 있는 마을이 보인다. 마을 집들은 부끄러운 듯 봉숭아꽃처럼 수줍게 머리를 내밀고 있었다. 지붕은 붉은색 머리를 시옷자(∧) 모양으로 정갈하게 가르마를 타 빗어 내렸다. 창고마다 수확한 밀을 가득 채워 놓았을 저 마을 사람들, 지금 바로 기차에서 내려 찾아가면 동양의 낯선 이방인의 손을 반갑게 잡아 주며 환대해 줄 것만 같았다. 그동안 체코에 부정적, 아니

낡은 편견을 떨쳐내지 못했던 나에게 그들의 순수한 언어와 삶의 공간을 살갑게 들려주고 보여 줄 것 같았다. 그런 생각을 하면서 나는 냉전적 사고를 깨끗이 씻어 냈다.

그런데 넋을 잃은 채 평원을 구경하는 우리를 시샘하는 듯, 아니면 혼자 달려야 하는 심심함을 지우려는 듯 기차는 짧은 굴 하나를 잠깐 지났다. 어쩌면 평원의 눈부심을 피하려 어둠 속을 지났으리라. 기차 굴은, 앞으로 남아 있는 구간을 힘차게 달려갈 수 있도록 시원한 동력을 충전해 주었다.

해가 낮에서 저녁의 경계로 기울고 있었다. 지평선 위로 솟아 있는 뭉게구름이 저녁 햇빛을 한껏 흡수하여 꽤나 눈부셨다. 한 떨기 싱싱한 저녁 구름 꽃. 우리의 기차 여행에 기꺼이 동행하며 끝까지 환송을 해 주고 있었다.

저녁 하늘로 사라진 평원의 해가 곱게 노을을 뿌리고 있을 때였다. 제법 큰 도시가 먼발치에서 달려왔다. 이곳이 체코의 도시인지 오스트리아의 도시인지 알 수 없다. 여행 지도를 보면 알 수 있겠으나 우리에게 국경 개념은 필수 휴대품이 아니다.

어둠이 깔리는 8시 무렵, 기차는 비엔나 중앙역에 멈추었다. 새로운 여행 변경선, 비엔나. 짐을 챙겨 내리니 밤바람이 늦가을 바람처럼 제법 쌀쌀했다. 서둘러 택시를 나눠 타고 아들이 잡아 놓은 호텔로 갔다. 호텔의 아늑한 불빛이 우리 이방인들을 따뜻하게 맞이했다. 이제부터는 비엔나의 시간이다.

2019. 7. 30. ~ 8. 9.

CHAPTER · 3

오스트리아 비엔나

8. 3.~8. 6.

■ □ ■

23. 동물용 물그릇이 비치된 비엔나 소화전

비엔나에 도착한 다음 모든 일정은 아들이 주도해서 진행했다. 이 곳은 아들이 근무하는 곳으로 비엔나 지리에 밝고 독일어에 능통했기 때문이다. 오스트리아는 독일어가 공용어다. 이러한 언어 상황은 이웃 나라인 스위스와 비슷하다. 스위스는 독일어를 비롯하여 프랑스어, 이 탈리아어 등도 공용어로 사용하고 있는데 독일어 비중이 높다. 독일과 오스트리아는 하나의 언어를 공유하는 서로 다른 나라인 셈이다. 독일 대학을 졸업하고 독일어를 사용하는 오스트리아에서 근무하는 아들 이 관광 안내를 맡은 것은 당연한 일.

우리는 비엔나에 도착해서 아들 덕을 톡톡히 보았다. 그 첫 번째는 호텔 숙박비였다. 열두 명이 묵는 호텔 숙박비를 꽤나 저렴한 가격으 로 처리한 것이다. 아들이 이 호텔을 잘 알고 있었기에 가능한 일이었 다. 두 번째는 관광 동선을 효율적으로 설계했다는 것. 아들은 틈틈이 이곳저곳을 둘러보았기에 여행할 만한 장소를 골라 계획을 세워 놓았 다. 그러기에 우리는 일정표에 따라 짜임새 있게 비엔나 구경을 할 수 있었다.

8월 4일 일요일 오전, 비엔나
는 하늘도 맑고 바람도 시원했
다. 날씨는 여행 일정을 좌우하
는 중요한 조건이 된다. 날씨가
좋아야 일정을 정상적으로 소화
할 수 있기 때문이다. 이런 면에
서 본다면 우리는 아들 덕에다
날씨 덕마저 본 것이다. 가을을

▲ 일할 맛이 날 것 같은 비엔나 시청

▲ 비엔나 시청 건축 사진

오스트리아 비엔나

앞당겨 놓은 듯한 비엔나 하늘, 가족들 표정이 햇살처럼 밝았다. 이런 날씨라면 하루 종일 돌아다녀도 피곤하지 않을 것 같았다.

시내 거리는 구경 나온 사람들로 북적거렸다. 사람들이 많아서인지 관광의 설렘도 급상승했다. 파리에서 느꼈던 여행 불안이 거의 다 사라졌다. 한국의 어느 시내를 다니는 것처럼 편안했다. 든든한 안내자, 아들이 있었기 때문이리라. 숙소에 괴한이 침입하여 가방을 찢어 놓았던 파리 첫날밤, 무서워 부들부들 떨던 초등생 조카의 발걸음이 깃털처럼 가벼워 보였다. 마음 상처에 새살이 돋은 것 같았다.

먼저 간 곳은 국립 오페라 극장이었다. 들어갈 수 없어서 밖에서만 보아야 했다. 그런데 건물에 검은색 천이 위에서 아래로 길게 늘어져 있었다. 아들한테 그 까닭을 물어보니 극장 단원인 대학 교수가 타계해 조의를 표시한 것이라고 했다. 검은색 천은 죽은 사람을 애도하며 글을 적은 만장과 비슷했다. 오페라 발전에 큰 업적을 남긴 고인의 예술 정신을 시민과 함께 기리려는 경건한 의식이었다.

검은색은 죽음을 상징하는 쓸쓸하고 두려운 색이다. 빈센트 반 고흐가 오베르 마을 밀밭에서 마지막으로 그린 〈까마귀가 나는 밀밭〉 작품에서 자신의 죽음을 예감하고 그림에 까마귀를 잔뜩 그려 넣은 것과 오페라 극장의 만장 의미는 이런 면에서 일맥상통한다고 할 수 있다. 살아 있는 사람들이 하늘길 멀리 떠나는 망자를 위해 검은색 만장을 걸어 놓고 슬퍼하는 모습에서 이곳 사람들의 따뜻한 인간애를 느낄 수 있었다. 살아 있을 때나 죽었을 때나 세상에 존재했던 한 사람을 진심으로 보살펴 주는 비엔나 사람들의 배려심이 검은 깃발을 흥건히 적셨다.

마음의 옷깃을 여미며 극장을 둘러본 다음 슈테판 대성당으로 발길을 돌렸다. 상점들이 즐비한 거리에는 자동차 출입을 제한한 탓이었는지 사람들의 표정이 여유로웠다. 차와 사람이 뒤엉키지 않는 비엔나의 길거리. 그래서였을까? 눈이 편안하고 걸음이 편안했다. 즐거움이 초고속으로 충전되었다.

동사 '보다'가 형용사 '즐겁다'로 전성되는 여행의 특별 기능을 비엔나 거리에서 발견했다. 이런 경험, 여행이 끝날 때까지 이어지기를 바라며 먼 곳으로 향한 눈길을 끌어당겨 발 아래로 놓았다. 그때 길바닥에 뭔가 우뚝 솟아 있는 것이 보였다. 몸통이 제법 굵은 금속 구조물이었는데 검은색을 띠고 있었다. 알고 보니 소화전이었다. 불났을 때 물을 공급하는 소화전. 어느 곳을 가든 쉽게 볼 수 있는 흔한 것. 그러나 그 흔한 것이 나의 눈길을 사로잡았다. 도대체 뭐가 돋보였기에 나의 발길을 잡아 놓았단 말인가?

비엔나 시내의 소화전. 나의 눈길을 끈 장치 하나가 있었다. 소화전 높이는 1m가 조금 넘어 보였다. 몸체 상부에 큰 방수구가 좌우로 대칭을 이루며 붙어 있는데 한쪽엔 수도꼭지가 달려 있다. 이것은 물

오스트리아 비엔나

로 길바닥을 청소하기 위해 설치해 놓은 것 같았다. 그 위로는 방수구와 개폐용 손잡이가 달려 있다. 방수구에 수도꼭지를 단 것은 좀 특이해서 내 발길을 잡을 수 있다. 그러나 이것만으로는 미흡하다. 결정적인 무언가가 있어야 한다.

▲ 물그릇이 부착되어 있는 소화전

소화전에 분명히 그 무언가가 있었다. 그것은 바로 물그릇이었다. 아들한테 물그릇의 쓰임새를 물어보니 개와 새들이 물을 먹을 수 있도록 마련한 그릇이란다. 동물용 물그릇이었다. 물그릇은 소화전 옆에 따로 놓여 있는 것이 아니라 소화전 몸체에 묶여 있었다. 물그릇이 어느 곳에 그냥 놓여 있는 것과 어느 것에 설치된 것은 의미의 경중으로 보아 큰 차이가 있다. 그렇다. 물그릇은 소화전 맨 아래쪽에 단단히 고정되어 있었다. 물그릇과 소화전이 결합되어 하나의 구조체를 이룬 것. 개와 새들을 위해 물을 담아 놓은 물그릇, 바닥은 평평하고 위로는 높지 않은 둥근 테두리로 되어 있다. 물 먹기 편하게 한 것이다.

도시는 사람만이 사는 공간이 아니다. 꽃과 풀, 나무도 살고 새와 개도 살고 고양이도 산다. 이러한 동식물이 살기 위해서는 물이 있어야 한다. 사람이 물 없이 살 수 없듯이 이들도 물이 있어야 살 수 있다. 동식물이 살던 곳을 사람이 차지해서 살고 있으니 이들에게 마땅히 물을 공급해 주어야 한다. 풀과 나무와 같은 식물은 빗물로 대신할 수 있다. 새나 개도 빗물을 먹을 수 있다. 그러나 먹을 수 있는 시간은 비 올 때로 한정되어 짧다. 따라서 동물들을 위해 급수 장치를 마련해야 한다. 그러나 이것을 실행한 곳은 거의 없다. 동물들이 알아서 해결하는 수밖에 없는 실정이다.

사람이 목마르면 새도 목마르고 개도 목마르고 고양이도 목마른 법. 사람은 쉽게 물 마실 수 있지만 동물은 쉽지 않다. 도시가 사람을 위한 공간임은 틀림없는 사실이지만 그렇다고 사람들만의 공간은 아니다. 사람과 동식물이 함께 살아가는 공간이다. 도시의 땅은 건물과 도로 등으로 덮여 있다. 그래서 동물과 식물이 살아가기 힘들다. 이런 도시 상황에서 소화전에 물그릇, 생명의 물그릇을 마련해 놓은 비엔나 사람들의 시민 정신이 더욱 빛난다. 도시의 새와 개, 고양이가 물 먹을 수 있는 그릇을 소화전에 마련해 놓은 것은 생명의 소중함을 앞장서서 보여 주고 일깨워 주는 따뜻한 마음의 표현이라 할 수 있다.

역사적으로 이름난 곳을 구경하는 것만이 관광의 의미를 얻을 수 있는 것은 아니다. 작은 것일지라도 특별한 것, 남다른 것이라면 그 가치를 충분히 가지고 있다 하겠다. 작은 것에도 큰 의미를 부여할 수 있는 생각의 깊이가 필요하다. 생명의 물그릇을 보면서 비엔나가 사람과 동식물이 오래도록 함께 살아가는 도시가 될 것임을 확신했다.

사람을 배려하고 새와 개를 배려하는 비엔나. 오페라 극장의 만장과 물그릇이 비치된 소화전, 이 두 대상물에서 공통점을 발견할 수 있다. 검은색이다. 앞의 것은 살아 있는 사람들이 죽은 사람을 슬퍼하기 위해 마련한 색이고, 뒤의 것은 살아 있는 사람들이 살아 있는 동물을 위해 마련한 장치에 칠한 색이다. 이들 모두에 배려의 마음이 짙게 작용했다. 비엔나에서 본 검은색은, 죽은 사람에 적용되는 것이든 살아 있는 대상에 적용되는 것이든 배려의 마음을 상징하는 엄숙한 색이라고 할 수 있다.

■ □ ■

24. 벨베데레 궁전에서 만난 뜻밖의 그림

8월 5일 월요일 오전, 오스트리아 빈 시내는 차분했다. 트램과 버스들이 조용하게 도로 위를 다니고 있었다. 숙소를 나온 우리 가족 여행단은 걸어서 인근 벨베데레 궁전으로 향했다. 유럽에 온 뒤로 가장 더운 날씨였다. 그런데도 땀은 흐르지 않았다. 늘 손수건을 지니고 다녔으나 한 번도 사용한 적이 없었다. 먼지도 없고 땀도 흐르지 않아 옷깃은 하루가 지나도 깨끗했다.

벨베데레 궁전도 프랑스 베르사유 궁전처럼 언덕 위에 세워졌다. 입구인 하궁과 언덕 위 상궁으로 나뉘어졌는데 규모로 볼 때 상궁이 하궁보다 크다. 이 두 궁전 사이에는 큰 정원이 있다. 하궁에서는 현대 미술 작품들을 전시하고 있었다. 인간 본질을 탐구하여 표현하려는 작품들이 대부분이었다. 사람의 소화기관을 따로 특징적으로 다룬 작품도 있고, 인간의 고통을 섬뜩하게 표현한 작품들도 있었다. 전시장 바닥에는 사람의 신체 일부인 머리, 다리, 팔 등을 쇠사슬에 묶어 놓은 작품도 있었다. 선구적이며 실험적인 전위 작품이라고 할 수 있다. 기존의 창작 경향에서 벗어나 인간의 존재성과 삶의 고통을 독특하게 표현하는 예술 기법이라 하겠다. 작품을 감상하는 동안 일부 관람객들은 "어휴, 어휴" 하면서 무서움을 표출하기도 했다. 루브르 박물관과 베르사유 궁전, 그리고 쉔부른 궁전에서 보았던 화려한 그림하고는 상당히 다른 그림을 보았기 때문에.

▲ 하궁과 상궁을 잇는 정원

상궁에서는 중세와 근대의 그림을 전시하고 있었다. 이름이 널리 알려진 화가의 작품과 이름이 알려지지 않은 작품이 벽마다 걸려 있었다. 이곳 궁전 실내도 먼저 들러본 궁전들과 마찬가지로 화려했다. 식탁이며 책상이며 의자 등 가구들이 우아한 모습으로 자리를 지키고 있었다. 상궁의 화려한 작품 전시와 하궁의 인간성 탐구 작품 전시는 벨베데레 궁전의 강한 인상을 심어 주었다. 하궁은, 극단적 화려함을 추구했거나 추구할 인간 본능을 현대 예술로 날카롭고 섬뜩하게 탐구하고 분석하는 특별 공간일지도 모른다. 오스트리아 전위 예술의 첨병 노릇을 하는 곳일지도.

상궁 구경의 마지막. 화려한 왕족 그림이 걸려 있는 벽면과 조금 떨어진 곳에서 그림 하나를 발견하고는 발길을 멈추었다. 그 그림은 왕족의 그림이 아닌 산골 아이들을 그린 그림이었다. 그림 옆 설명 표지를 보니 페르디난드 게오르그 발드뮐러Ferdinand Georg Waldmuller, 1793~1865의 〈비엔나 숲의 이른 봄, Early Spring in the Vienna Woods(1861)〉이라는 작품이었다.

이 작품은 제목으로도 알 수 있듯이 이른 봄 비엔나 숲으로 놀러 온 아이들을 그린 것이다. 그림 중앙 왼쪽 산언덕에 물박달나무로 보이는 제법 큰 나무가 흰 껍질을 벗으며 서 있고 그 아래로 같은 종류의 작은 나무들이 서 있다. 그 뒤로는 산자락이 펼쳐져 있다. 아이들 일곱 명이 나무를 배경으로 그림 중앙 하단에 그려져 있다.

아이들 모두 봄 햇살처럼 표정이 밝다. 한 여자아이가 꽃을 꺾어 남자아이에게 쥐어 주는데 무척 수줍어한다. 지게에 땔나무를 지고 있는 남자아이가 꽃을 건네받고 어쩔 줄 모른다. 그 옆의 여자아이들도 꽃을 꺾어 손에 쥐고 감상하고 있다. 다른 한쪽에서는 한 아이가 꽃을 꺾으려는 듯 허리를 굽히고 있다. 이 아이들은 차림새로 보아 성별을 구별할 수 있다. 여자아이들은 푸른 색 긴 치마를 입고 남자아이들은 긴 바지에 푸른색 짧은 앞치마를 두르고 있다. 여자아이들은 갈색 두건을 쓰고 있으며 남자아이들은 털모자를 쓰고 있다.

▲ 페르디난드 게오르그 발드뮐러의 그림

이 작품에서 발드뮐러가 특별하게 신경을 써서 표현하려고 했던 것이 있는데, 그것은 바로 봄 햇살이다. 봄 햇살을 그림으로 표현하기란 어려운 기술이다. 이 그림에서는 따뜻한 봄 햇살을 두 가지로 잘 드러내고 있다. 먼저 아이들의 얼굴에서이다. 겨울을 지낸 아이들이 산으로 와 봄꽃을 꺾으며 노는데 햇살이 아이들 얼굴에 내리 쪼이고 있다. 그러자 얼굴이 발그스레하게 달아오른다. 얼굴에 땀이 송골송골 맺힐 것 같다. 남자아이들의 목도리를 풀어 주고 싶었다. 다른 하나는 나뭇가지에서이다. 줄기로 수액을 길어 올린 나무는 가지마다 골고루 이르게 하여 나무눈이 희끗희끗 부풀어 있다. 곧 싹이 틀 것만 같다. 작가는 비엔나 숲의 이른 봄을 이와 같은 방법으로 화폭에 담았다.

발드뮬러는 우리에게는 잘 알려져 있지 않은 화가다. 오스트리아 출신인 그는 주로 하층민들의 고단하고 남루한 삶을 독특한 화법으로 생생하게 표현했다. 그의 그림 속에서는 이들의 거친 숨소리가 번져 있다. 궁전에서 보았던 왕족이나 귀족의 그림에서는 격식에 얽매인 근엄함이 유화 속에 번져 있었다. 뭔가 억압되고 자유롭지 못한 표정이었다. 이에 비해서 발드뮬러는 가난한 사람들의 누추한 모습을 사진을 찍듯 순간순간을 그려내었다. 그의 그림 색채는 밝다. 강렬하기까지 하다. 그들의 삶을 적극적으로 표현하려는 심리 작용 탓이었을지도 모른다. 하층민에 그림 초점을 맞춘 그는 물감을 진하게 풀어 이들의 빈곤한 삶을 세상에 알리려 노력했던 것으로 보인다. 작가 의식이 그림 속에 물감처럼 선명하게 녹아 있다. 19세기 오스트리아 평민들의 일상을 유화로 사진을 찍은 것이다.

발드뮬러의 이 작품은 유럽 여행에서 보았던 그림 가운데 가장 인상적인 그림이었다. 다 빈치가 그린 〈모나리자〉도 고흐의 그림도 마네의 그림도 르노와르의 그림도 〈비엔나 숲의 이른 봄〉만큼 내 마음을 흔들지 못했다.

오스트리아 비엔나

25. 비엔나 숲에서 지게를 진 아이

언덕 위에 자리 잡은 벨베데레 상궁에서는 다양한 예술품들이 저마다 개성 있는 얼굴로 관람객들을 맞이하고 있었다. 궁전을 개방하여 수준 높은 예술품을 공간마다 짜임새 있게 전시하는 문화 행사는, 이곳을 찾는 시민들의 감수성을 향상시키는 데 한몫을 하리라는 생각이 들었다. 그림을 비롯한 예술 작품은 세상과 끊임없이 호흡해야 생명력을 유지하며 가치를 인정받는다. 이를 위하여 작가의 분신인 창작품은 언제나 개방된 공간에서 다양한 비평의 눈과 마주할 진지한 자세를 갖추어야 한다.

앞의 글 〈벨베데레 궁전에서 만난 뜻밖의 그림〉에서 소개했듯이, 상궁에 전시된 작품들 가운데서 나의 눈길을 사로잡은 그림은 페르디난드 게오르그 발디뮐러Ferdinand Georg Waldmuller, 1793~1865의 〈비엔나 숲의 이른 봄, Early Spring in the Vienna Woods〉이었다. 제목이 암시하듯, 이 작품은 이른 봄 비엔나 숲에 놀러온 아이들의 해맑은 동심의 세계를 묘사한 그림이다. 추운 겨울을 보낸 아이들이 따스한 햇살이 쏟아져 내리는 양지 바른 곳에서 천진난만하게 노는 모습이 스냅 사진처럼 그려져 있다.

〈비엔나 숲의 이른 봄〉은 1861년에 그린 작품인데, 이 그림에서 내 관심의 조명을 집중적으로 받은 부분은 남자아이가 등에 지고 있는 지게였다. 그렇다고 해서 지게가 이 작품의 화룡점정이라는 것은 아니다. 그림을 구성하는 하나의 소재일 뿐이다. 우리가 잘 알고 있는 지게는 짐을 등에 지고 실어나르는 운반 기구다. 이것은 나무줄기에서 수평으로 뻗은 가지(ㅏ)를 잘라 만든 것인데 사람의 몸으로 물건을 운반하는 방법 중에서 단연 최고라고 할 수 있다. 양쪽 어깨의 힘을 균형적으로 이용하여 많은 짐을 실어 나를 수 있기 때문이다.

▲ 경기도 어느 과수원의 남루한 지게. 지게의 관절이 주인의 관절을 닮은 듯 헐었다.

발드뮐러의 그림은, 버즘나무처럼 껍질을 벗고 있는 물박달나무 아래 남녀 아이들이 서 있는 구도로 되어 있다. 이 중에서 맨 오른쪽에 있는 남자아이가 등에 지게를 지고 있는 모습이 눈에 뜨인다. 이것은 목발지겟다리과 새고자리지겟머리가 있고 섬유 재질로 만든 밀삐어깨끈 등으로 구성되어 있다. 지게의 크기는 일반 지게와 비교했을 때 2/3 정도로 작다. 아마도 어린이용으로 제작된 것으로 보인다. 목발은 아이 엉덩이께에 이르고 새고자리는 귀밑께에 이른다. 목발 두 개와 새고자리 두 개를 일정 간격으로 연결하는 가로 막대도 보인다. 지게에는 바싹 마른 나뭇가지가 실려 있는데 나무 양이 그리 많지 않아 무게감은 없어 보인다. 짐을 실어 걸치게 하는 목발 위쪽의 받침대는 땔나무에 가려서인지 보이지 않는다. 겉옷 겨드랑이 부분이 왼쪽 어깨끈에 물려 있어서 옷이 조금 말려 있다. 이 그림에서 감상의 초점을 아이들의 표정에만 맞춘다면 남자아이가 등에 진 지게를 발견하지 못할 수도 있다. 그러나 조금만 그림에 신경을 쓴다면 숨은그림찾기처럼 지게를 발견할 수 있다.

　〈비엔나 숲의 이른 봄〉을 그린 발드뮐러는 오스트리아 화가로 인물화, 풍경화, 정물화 등을 그린 작가다. 그는 대상을 마치 사진을 찍듯이 매우 세밀하고 정교하게 그렸다. 따라서 그의 그림을 보고 있노라면 19세기에 찍은 사진을 감상하고 있다는 착각이 들 정도다. 눈에 거북하지 않은 색채의 유연함이 그림 속으로 쉽게 빨려들게 한다. 한마디로, 발드뮬러는 19세기 오스트리아의 풍경을 그림으로 기록한 사진 작가였다고 할 수 있다.

비엔나에서 활동한 발드뮬러는 서민들의 생활상을 친근감 있게 그려 냈다. 그래서일까? 작가의 따뜻한 시선이 그림에 섬세하게 녹아 있다. 그는 봄이 오는 비엔나 숲에 모여든 아이들 모습을 사진 기자처럼 포착한다. 봄이라고 하지만 아이들이 입고 있는 옷은 겨울옷 그대로다. 솜옷처럼 두터워 거북해 보인다. 그래도 숲속 아이들의 표정은 해맑아 보인다. 그는 대상을 왜곡하지 않고 사실대로 묘사했다. 이런 점으로 미루어 볼 때 화가는 남자아이가 등에 지고 있는 지게도 보이는 그대로 그렸을 것이다. 이 화가의 화풍을 고려했을 때, 있지도 않은 사물을 상상력을 발휘하여 그려낸 것으로는 보이지 않는다. 풍경화에 능숙했던 발드뮬러가 존재하지도 않는 '지게'를 초인적인 능력을 발휘해 그려 넣었을 가능성은 매우 희박해 보인다.

비엔나 여행에서 지게를 발견한 기쁨에 도취된 나는 발드뮬러의 다른 그림에서도 지게의 흔적이 있지는 않을까 하는 생각에 여기저기 검색해 보았다. 예상은 적중했다. 그의 다른 그림에서 '지게'를 또 발견했다. 이 그림을 보면 누구나 지게임을 확인할 수 있을 정도로 형태가 뚜렷하다. 나의 이러한 지게 집착은, 여린 두 어깨를 짓눌렀던 어릴 적 지게 경험에서 비롯된 것이라 할 수 있다.

1861년 봄, 비엔나 숲에서 즐겁게 노는 아이들을 그렸던 발드뮬러는 3년 뒤인 1864년 봄에 같은 장소에서 아이들을 만난다. 그 모습을 그린 그림 제목이 1861년에 그린 〈비엔나 숲의 이른 봄〉과 같다. 제목만 같은 것이 아니라 배경 장소도 동일하다. 똑같은 구도 속에서 달라진 것은 물박달나무의 굵기다. 시간의 흐름을 반영하듯 나무의 몸피가 몰라볼 정도로 사뭇 불었다. 그는 왜 시차를 두고 같은 장소에서 또 그림을 그렸을까? 3년 전 그림에서 존재가 약했던 지게를 분명하게 드러내려고? 아이들의 변화 모습을 드러내기 위해서?

1861년과 1864년의 동일 제목 두 작품에서 남자아이의 모습이 대조적이다. 1861년 그림에서 지게를 진 아이는 키가 작고 통통한 데 비하여 1864년 그림의 지게를 진 아이는 키가 크고 몸이 말라 보인다. 3년이라는 시차를 감안해도 두 아이의 얼굴 모습이 완전히 다르다. 이런 것으로 보아 두 작품에 등장하는 지게를 진 아이는 서로 다른 아이일 가능성이 높다.

1864년 그림의 남자아이 등에도 지게가 지어져 있는데 지게에는 땔나무가 실려 있다. 지게 발목은 아이의 엉덩이께에 있으나 새고자리는 머리 위로 한 뼘 정도 솟아 있다. 왼손으로는 지게 어깨끈을 힘주어 쥐고 있다. 이 그림에서는 땔나무를 실은 지게의 모습이 분명하게 드러나고 있다. 3년 전 그림이 지게의 존재를 암시하는 그림이었다면 3년 뒤의 그림은 지게를 세상에 분명하게 드러낸 작품이라고 할 수 있다.

▲ 한국 지게를 많이 닮은 발드뮬러의 지게 그림
출처: Staatliche Museen zu Berlin Nationalgalerie

페르디난드 게오르그 발디뮬러, 비엔나 여행에서 긴 여운을 안겨
준 화가였다. 그의 그림에서는 관람객 시선을 빨아들이는 힘이 강하게
작용한다. 내로라하는 궁정 화가들의 작품과 어깨를 나란히 하는 그
의 작품을 감상하면서 그가 왜 벨베데레 궁전에서 건재하고 있는지를
알 수 있었다. 내가 '지게'에 홀린 것처럼 발디뮬러의 그림을 감상한 다
른 사람들도 작품에서 무언가에 강렬한 인상을 받았을 것이다. 한껏
봄볕을 쏘여 볼이 터질 것 같은 발그레한 동심은 그 첫 번째일 것이다.

26. 비엔나 음식점에 환생한 모나리자

　벨베데레 궁전을 둘러본 뒤 근처에 있는 음식점으로 갔다. 마침 점심때라 음식점은 손님들로 북적거렸다. 마당의 대형 화덕에서는 고기를 굽는 참나무 장작불이 드세게 화력을 내뿜고 있었다. 그늘막 아래 식탁에서는 손님들이 접시마다 고기를 듬뿍 올려놓고 썰면서 왁자지껄 떠들어 댔다. 고기를 먹으며 대용량 맥주잔을 기울이는 모습을 보고 있노라니 입안에 청량한 군침이 가득 고였다.

　마당에 자리가 없어 음식점 안으로 들어갔다. 바깥과는 달리 자리 여유가 있었다. 사전 약속이라도 한 듯, 아들을 비롯한 조카들은 나이 많은 우리를 따돌리고 식탁 하나를 점령하고는 취향에 맞는 음식을 주문했다. 조카들과 분리된 우리는 그 옆 식탁에 자리를 잡고 음식을 주문했다. 식사 동안 세대 간 이산가족이 되었다. 12명의 한국어 손님들이 비엔나 음식점을 비중 있게 차지했다. 한국인은 우리만이 아니었다. 둘러보니 가족 단위 한국인 여행객들이 즐겁게 식사를 하고 있었다. 한국어 사용자만을 따로 접대하기 위해 마련한 식당 같았다. 공용어인 독일어가 힘을 잃은 듯했다. 뒤의 그림은 지게를 세상에 분명하게 드러낸 작품이라고 할 수 있다.

▲ 음식점 내부 모습

주문한 음식이 나왔다. 여행의 힘을 보충할 맛있는 시간, 케밥과 돼지고기가 가득 담긴 접시가 식탁에 놓였다. 터키 전통 음식인 케밥은 조카들이 주문한 것인데, 잘게 썬 양고기를 꼬챙이에 꿰어 구운 음식이다. 우리가 주문한 돼지고기는 한국의 족발과 비슷했다. 뼈가 있는 고깃덩어리를 통째로 들고 먹거나 칼로 베어내 먹을 수 있다. 오전 구경을 서로 격려하며 맥주 한 잔씩 곁들였다. 허기와 갈증이 한 모금 한 모금씩 시원하게 증발했다.

그렇게 맥주의 수위가 반쯤 낮아졌을 때였다. 식탁 사이 통로를 왔다 갔다 하는 한 여인이 있었다. 20대로 보이는 그 여자는 서양 여성의 평균 키보다 조금 작아 보였는데, 갈색 머리를 뒤로 빗어 단정히 묶었다. 그런데 좀 이상했다. 다른 종업원들은 손님들 접대에 분주했는데도 그녀는 종업원들과는 달리 여유로워 보였다. 하늘색 앞치마를 걸친 그녀는 통로를 느린 속도로 가볍게 걸어 다녔다. 그러면서 옅은 미소를 지었다. 순경음 비읍(입술을 가볍게 스쳐 나오는 비읍 소리)을 발음할 때처럼 이가 보일까 말까 하는 가벼운 웃음. 소극적 웃음과 적극적 웃음의 경계를 아슬아슬하게 넘나드는 웃음.

옷차림으로 보아 그녀는 음식점과 관련이 있는 사람 같았다. 그렇다면 그녀의 정체는? 상상의 속도가 빨라졌다. 음식점 사장일까? 아니면 사장의 딸일까? 사장이든 사장의 딸이든 한창 바쁜 점심시간에 손 하나 까딱하지 않고 어슬렁 걸음으로 한가로이 보낼 수 있을까? 바쁜 직원들 거들어 주는 척 접시라도 날라야 하는 것 아니겠는가? 저렇게 해도 돈을 벌 수 있을까? 이런저런 생각을 아무리 짜내도 그녀의 정체를 파악할 수 없었다. 그때 생각 하나가 번쩍 스쳤다. 손님들이 식사를 편안하게 할 수 있도록 미소 봉사 차원에서 특별 채용한 직원이 아닐까?

그녀의 온화한 웃음은 식사 내내 이어졌다. 내 생각이 맞든 틀리든 미소 여인은 자신의 직무를 충실히 이행하였다. 우리 주변에서 멀어지지 않고 웃음을 발산하는 그 여인의 얼굴이 좀 더 가까워질 즈음, 그녀의 신비스러운 얼굴이 루브르 박물관 〈모나리자〉 그림 속 여인의 얼굴과 빠르게 겹쳤다. 모나리자 여인이 비엔나 음식점에 환생한 듯했다.

그날, 박물관에서 제대로 감상하지 못하고 떠밀려 나와야 했던 불편한 기억 탓이었을까? 그때의 불편한 기억이 나의 정신을 지배하여 음식점 여인을 모나리자 여인과 연관시킨 것인가? 살아 있는 모나리자의 웃음, 나는 그 웃음을 눈앞에서 똑똑히 바라보고 있었다. 의미를 도저히 해석할 수 없는 오묘한 웃음, 아주 특별한 영적 경험이었다. 신전이나 성당도 아닌, 보통 사람들 점심 허기를 달래 주는 음식점 공간에서 이런 신기한 일이 벌어지다니!

뼈에 두툼히 들러붙어 있던 돼지고기 다릿살이 어느덧 자취를 감추고 접시엔 뼈만 덩그러니 놓였다. 배고팠으니 마땅히 그래야 했지만, 너무했나 싶어 민망하기까지 했다. 가뭄에 물웅덩이 마르듯 맥주잔이 싹 비워졌다. 여행 경비에 예민한 가족들, 더 이상의 식사 미련을 휴지통에 던져 버렸다. 오후 일정이 가족들을 의자에서 용수철처럼 밀어냈다.

음식점을 나설 때였다. 나는 특별 경험인 양 조금 전에 보았던 모나리자 여인 이야기를 자랑삼아 꺼냈다. 가족들 모두 나의 소중한 영적 체험을 공감해 줄 것이라 확신했다. 그러나 그것은 나만의 일방적인 생각이었다. 가족들 반응이 늦가을 서릿발처럼 차가웠다. 그 여자의 웃음이 어떻게 모나리자의 웃음과 비슷하냐며 비아냥거렸다. 이구동성 만장일치 부동의였다. 아내마저 나에게 등을 돌렸다. 벌 쏘인 듯 아찔했다. 두 여인을 너무 무리하게 연결시켜 헛물켰나 싶었다. 낙첨된 복권을 미련 없이 구겨 버리듯 일장춘몽, 아니 일장하몽을 구겨 버려야 하나?

　나는 냉담한 반응에 반응하지 않았다. 하나의 경험에 대한 반응은 모두 다르기 때문에. 일과 현상에 따른 느낌은 주관적 영역에 해당한다. 느낌이 동일할 수는 없다. 느낌은 지극히 개인적인 감성 작용의 결과다. 이것은, 문제에서 정답을 찾아내는 이성적 사고가 아닌 일과 대상에서 일어나는 다양한 감정의 작용이다. 가족들의 무반응은 오히려 오늘의 느낌 가치를 소중하게 자리매김해 주었다.

　비엔나 음식점에서의 모나리자 환생은 고기 음식에 약효가 뛰어난 점심 소화제가 되었으리라. 나만의 경험이라 못내 아쉽기는 했지만, 뜻밖의 행운을 독점한 일이어서 기분이 한껏 고조되었다. 루브르 박물관의 모나리자와 비엔나 음식점의 모나리자, 두 여인의 미소가 허공에 비문처럼 아른거렸다.

27. 맛깔스런 비엔나 커피, 멋깔스런 비엔나 간판

'비엔나 커피', 커피를 좋아하든 좋아하지 않든 누구나 이것은 알고 있을 것이다. 커피를 마셔서는 안 될 나도 '비엔나 커피'를 기억하고 있으니 말이다. '커피'라는 명사 앞에 '비엔나'라는 고유 명사가 있으니 '비엔나 커피' 역시 고유 명사가 되는 셈이다. 그런데 나는 오랜 역사의 향기를 지닌 이 커피를 마신 적이 없다. 지금까지 한두 번 마셨던 커피맛 기억을 소환해 비엔나 커피 맛을 유추해 보면 아마도 이럴 것이다. '악마의 혀마저 춤추게 하는 갈색의 깊은 맛, 비엔나 커피'.

커피를 마실 수 없는 나, 그렇다고 해서 마실 수 없는 것도 아니다. 마음만 먹는다면 남들처럼 마실 수 있다. 그러나 그 후유증은 오로지 나만의 몫이다. 커피를 마시면 잠을 포기해야 하니 말이다. 커피에 각성제, 즉 신경을 흥분시키는 성분이 있기 때문이다. 그러니 마시고 싶어도 마실 수 없는 노릇이다. 남들은 하루에 십여 잔을 물 마시듯 마셔도 잠만 잘 잔다고 하는데 나에게 커피는 절대 금기 식품인 것이다. 내가 누릴 수 있는 커피의 기호 영역은 맛과 향 가운데 향뿐이다. 커피 향은, 추운 겨울 아궁이에서 구수하게 피어오르는 싸리나무 냄새와 같다. 감미롭게 후각을 긴장시키는 싸리나무 커피 향.

커피 관련 특이 체질은 나뿐만이 아니다. 아내도 나하고 커피가 일으키는 불면 현상을 공유하고 있다. 사람을 만나 어쩔 수 없이 한 잔 마시는 경우가 있는데 그런 날엔 밤새도록 뒤척거린다. 물론 아내는 커피 마신 사실을 숨긴다. 불면의 괴로움을 털어 놓으면 나는 끈질기게 심문해 커피 자백을 받아 낸다. '다시는'이라는 부사어로 시작되는 다짐을 받지만 커피 유혹은 아내로부터 쉽게 멀어지지 않는다. 아내의 잠 도둑은 이것만이 아니다. 초콜릿도 있다. 이것도 커피처럼 각성제 성분이 들어 있어 잠을 빼앗는다. 나는, 호시탐탐 아내의 불면을 노리는 커피와 초콜릿을 늘 경계하고 있다.

▲ 호프부르크 왕궁 정원

비엔나를 여행하는 우리 가족들, 정작 비엔나 커피를 마시지 않았다. 커피를 마실 수 없다는 금지 사항은 없었건만 어느 누구도 커피 마시러 가자는 말을 꺼내지 않았다. 그렇다고 해서 커피를 마시지 않은 것에 대해 서운해하지는 않은 것 같았다. 처형을 비롯한 자매들끼리 카페에 가서 마실 수 있었을 텐데도 말이다. 커피는 마시지 않았지만 여자들은 여행 선물로 초콜릿을 샀다. 비엔나 커피와 쌍벽을 이루는 달콤쌉싸름한 비엔나 초콜릿.

비엔나 커피 맛은 보지 못했지만, 대신 눈을 편안하게 하는 다른 하나를 구경할 수 있었다. 간판이었다. 아니, 이런 유명 관광지에서 겨우 간판 하나 보고 호들갑을 떨다니! 간판 말고도 볼 것들이 얼마나 많은데. 나에게 간판은 비엔나 커피보다 더 많은 느낌을 채워 준 관광

소재였다. 평소 간판에 대해 적잖은 유감을 가지고 있었던 나에게 비엔나 거리는 간판의 모범을 보여 주었다.

간판을 설치하는 규정이 있다. 그러나 규정이 있음에도 제멋대로 된 것들이 많아 도시를 어지럽히고 있다. 이것을 확인하기란 어렵지 않다. 당장 거리로 나가 보면 우리의 간판 현주소를 쉽게 파악할 수 있다. 주로 붉은색 계통의 자극적인 색으로 도배하다시피 하여 눈이 금방 피로해진다. 갯바위에 따개비 들러붙듯 건물 외벽에 덕지덕지 간판을 덧대어 흉물스러울 지경이다. 간판은 건물과 상점의 가치를 높이는 주요 수단이다. 그러므로 건물에서 간판이 차지하는 비중이 매우 크다. 아무리 좋은 건축 재료로 건물을 지었다 하더라도 건물에 간판을 마구잡이로 설치한다면 건물의 가치는 떨어질 수밖에 없다. 이런 면으로 볼 때 간판은 건물의 옷이라고 할 수 있다. 옷을 깨끗하고 개성 있게 입어야 하듯이 건물도 맵시 있게 옷을 입어야 한다. 사람에게 품격이 있듯이 건물에도 품격이 있다. 건물의 품격은 간판에서도 우러나온다.

개성 없는 간판은 개성 없는 거리를 만든다. 설치 규정을 지켜 건물과 상점에 어울리는 독특한 간판을 달아야 한다. 상호에 잘 맞는 글꼴과 색상을 선택하여 남과 다른 간판을 제작할 필요가 있다. 간판을 어떻게 만들 것인지 직접 구상하거나, 아니면 자신의 구상을 광고 업체에 말하여 마음에 드는 간판을 만드는 것도 고려할 필요가 있다. 특성이 있어야 건물에 생기가 넘쳐흐른다. 그래야 사람들 눈길을 끌 수 있다.

간판 이야기 머리말이 콩물자루처럼 축 늘어졌다. 생각이 많아서였다. 그런데 이런 불편한 마음이 비엔나에서 말끔히 사라졌다. 비엔나 거리에서는 몰개성의 간판이라곤 눈을 씻고 보아도 없었다. 예술성이 살아 꿈틀거리는 간판들이 여행객들의 눈을 즐겁게 하였다. 눈에 어떠한 부담도 없었다. 눈길 닿는 곳마다 개성 있는 간판들이 편하게 다가왔다. 다양한 글꼴과 이것을 돋보이게 하는 색상이 차분하게 조화되어 건물을 빛내고 있었다. 비엔나 거리에는 치열한 간판 경쟁이 없었다. 설치 규정을 철저하게 준수하며 상생의 광고를 하고 있었다. 간판이 바로 서야 건물이 바로 선다는 평소의 생각이 틀리지 않았음을 비엔나에서 확인하였다.

간판 개성이 흘러넘치는 비엔나 거리에서 또 하나 느낀 점은 간판이 광고 기능 차원이 아닌 예술 차원에서 도시 미관을 빛나게 하는 데 크게 기여하고 있다는 사실이었다. 유럽의 다른 도시들과 마찬가지로, 비엔나 시내의 거의 모든 건물들은 문화재급 건축물이라고 해도 과언이 아니다. 건물 어느 곳 하나 예술미를 포기한 흔적이 없다. 고전적 전통 건축 양식에 걸맞은 다양한 부조가 더해져 건물의 격조

▲ 비엔나 거리의 간판들

가 한층 돋보인다. 이런 구조물에 어찌 간판을 함부로 설치할 수 있겠는가? 건물 미관을 포기한 사람이 아니고서는 개성 없는 간판을 내걸지 않을 것이다. 비엔나 시민들은 간판을 하나의 예술품으로 인식하고 있다는 믿음이 들었다. 이들에게는 볼썽사나운 간판 경쟁은 안중에 없는 듯했다. 이들이 오직 생각하는 것은 간판을 어떻게 하면 예술적으로 승화시킬 수 있을까 하는 고뇌와 집념일 것이다. 비엔나 시민들은 간판도 훌륭한 관광 거리임을 잘 인식하고 있는 듯했다.

간판은 눈을 위한 광고물이다. 따라서 눈을 혼란시키거나 혹사시켜서는 안 된다. 산뜻한 차림이어야 한다. 개성과 예술성이 살아 숨 쉬어야 한다. 그래야 사람들을 끌어들일 수 있다. 시선이 편해야 마음도 편해진다. 마음이 편해지면 걸음이 느려진다. 걸음이 느려지면 물건을 사거나 음식을 먹거나 음료를 마시게 된다. 비엔나는 이와 같은 도시의 이상을 간명하게 모범적으로 보여 주었다.

유럽 여행을 하면서 한없이 보고 싶은 것은 건축물의 웅장함이 아니었다. 서로 다른 간판들이 모여 알록달록 꽃피는 도시 거리였다. 그 이상향은 비엔나였다. 여름 커피 향이 뭉근하게 퍼지는 비엔나 거리, 나는 도시를 생기 있게 하는 격조 높고 멋깔스런 간판들을 눈이 충혈되도록 보고 또 보았다.

28. 드디어 한국대사관을 방문하다

여행을 떠나기 전인 5월 어느 봄날, 동서 집에서 가족 모임을 가졌다. 이야기를 나누다가 아들이 오스트리아 한국대사관에서 근무하는 것을 기회로 유럽으로 가족 여행을 가자는 의견이 나왔다. 지금까지 가족 일로 자주 만나기는 했지만 함께 여행을 가 본 적이 거의 없었던 터라 여행 제안은 이견 없이 전격적으로 결정되었다. 아들이 군복무로 귀국해야 하므로 여행 시기를 그 전으로 잡자고 했다. 가족 간 상황을 조율해 7월 말에서 8월 초에 가기로 했다. 이러한 내용을 아들에게 알렸다. 아들은 기쁜 마음으로 잘 준비하겠다고 했다.

이번 가족 여행에서 오스트리아 비엔나를 여행 연고지로 삼은 것은 여러 모로 큰 도움이 되었다. 여행, 그것도 멀리 해외여행을 하는 데 있어서 연고지는 든든한 보험이 된다. 여행사에서 주관하는 유럽 여행이었다면 관광지 선정과 여행 경비, 그리고 여행 방법 등에서 우리 계획과 많이 어그러져 개운하지 않았을 것이다. 결과적으로 우리는 동서가 짠 치밀한 계획과 아들과 조카들의 안내로 최소의 경비로 최대의 성과를 얻을 수 있었다. 영어에 능통하고 휴대전화기 사용에 익숙한 대학생 조카들의 활약도 여행 목적을 달성하는 데 큰 도움이 되었다. 여행 의미가 돋보인 알뜰 여행이었다.

마음 설레는 유럽 여행, 그러나 한편으로 생각해 보면 아들한테 미안한 마음이 들었다. 대사관 근무 기간에 비엔나에 가지 못한 것은 그렇다 치더라도 독일에서 대학 공부를 할 때 한 번도 가지 않은 것이 못내 안쓰러웠기 때문이다. 아들은 이에 대해 내색은 하지 않았지만 마음 한구석에 서운함이 쌓였을지도 모른다.

변명 같지만 그때는 독일에 갈 수 있는 상황이 아니었다. 먼저, 학사 일정의 차이 때문이었다. 독일 대학에서는 봄 학기는 4월에, 가을 학기는 10월에 각각 개강을 한다. 이러한 학사 일정은 3월과 9월에 개강하는 한국하고는 다르다. 한 학기 강의를 듣고 시험을 보는 시기도 다르다. 한국에서 한 학기 학사 일정이 끝날 때 독일에서는 아직 학기 중인 것이다. 여름인 8월과 겨울인 2월이 되어야 시험을 본다. 그러니 이 시기에 아들을 보러 간다는 것은 현실적으로 힘든 일이다.

다음은, 엄격한 학사 운영 때문이었다. 독일에서는 대학 등록금이 없다. 내국인 학생이든 외국인 학생이든 마찬가지다. 무료 등록금에 차별이 없다. 그 대신 학사 관리는 매우 엄격하다. 학기 내내 공부를 하지 않으면 학점을 얻지 못해 중도 탈락할 수밖에 없다. 자신이 선택해 입학한 이상 졸업할 때까지 이러한 제도에 순응하며 공부해야 한다. 그러기에 독일 대학에서 '낭만'을 찾기란 쉽지 않은 일이다. 졸업을 하기 위해서는 낭만적인 '낭만'이라는 단어를 멀리해야 한다. 아들이 머리 쥐어짜며 공부하는 때에 눈치도 없이 독일 여행을 할 수 있겠는가?

또 하나, 엄청난 시험 압박 때문이었다. 아들이 다닌 대학에서는 시험을 기말에 한 번만 본다. 기말시험 하나로 한 학기 공부를 평가하는 것이다. 과제물을 한 번 정도 제출하긴 하지만 시험 비중이 절대적이다. 시험 범위는 처음부터 끝까지 책 한 권 전체다. 수백 쪽 분량인데다 시험 정보도 없다. 어디에서 어떤 문제가 나오는지 전혀 알 수 없다. 여기에다 시험 문제도 주관식 서술형이다. 대충 외워서 쓸 수 있는 문제가 아니다. 문제를 창의적으로 해결하여 답안을 작성해야 점수를 얻을 수 있다. 독일 대학에서는 정답보다는 독창적인 문제 해결 능력을 비중 있게 평가한다. 이런 시험을 보기 위해서는 학기 중에 철저히 공부를 해야 한다. 출석부도 없는 강의실에서 교수의 강의를 들으며 졸업의 의지를 불태워야 한다. 시험을 제대로 보려면 한 가지 방법, 독하게 마음먹고 공부하는 일이다. '빡세게' 공부하는 아들을 보기 위해 비행기 표를 끊을 부모가 어디에 있을까?

이렇게 공부했던 독일이 여행 일정에서 빠져 아쉬웠지만, 아들이

오스트리아 비엔나

근무하는 비엔나가 여행지로 포함된 것이 위안이 되었다. 다음에 여행 기회가 생긴다면 반드시 독일을 첫 번째 대상지로 삼겠다고 다짐했다. 늦은 여행과 관련한 묵은 감정을 말끔히 지워 버렸다. 우리는 택시를 나눠 타고 대사관으로 향했다.

드디어 한국대사관에 도착했다. 공관은 산자락 끄트머리 조용한 주택가에 자리잡고 있었다. 이곳은 외국의 한국 땅, 치외 법권의 우리 영토. 우리는 아들의 안내로 대사관으로 들어갔다. 머무를 수 있는 곳은 1층에 마련된 외부인 방문실이었다. 다른 곳은 보안 규정상 출입이 제한되었기 때문이다. 일반 시설이 아닌 대사관이라는 사실에 가족들은 처음에 긴장된 모습을 보이다가 이내 호기심 어린 표정으로 바뀌었다. 해외여행을 와서 이런 곳을 방문할 수 있었다는 사실에 뿌듯함이 솟았다. 특별한 경험이어서 추억 속에 오래도록 남을 것 같았다.

대사관은 본국의 지시를 받아 주재국에서 공적인 업무를 하는 곳이다. 이곳 대사관에서 근무하는 아들도 공무를 충실하게 하고 있다는 생각을 하니 대견스러웠다. 아들 업무와 관련하여, 호텔에 괴한이 침입해 가방을 찢어 놓던 날 전화 신고를 받고 밤늦게 현장에 달려온 파리 주재 한국대사관 직원들이 떠올랐다. 어느 누구한테도 도움의 손길을 받지 못하던 절박한 상황에서 자국 여행객들의 문제를 해결하기 위해 적극 나선 직원들의 업무 태도가 믿음직스러웠다. 아들도 독일어를 활용하여 여러 가지 일을 한다니 장하다는 생각이 들었다.

우리를 특별한 곳으로 초대한 아들이 극진한 대접을 펼쳤다. 그것은 다름 아닌 생수 한 병씩 나눠 준 것. 생수 한 병이 후한 대접이냐고 반문할 수 있겠으나 공관 업무가 국가 세금으로 운영되고 있음을 고려할 때, 아들의 물 대접은 지극히 정상적인 일이었다. 더 이상의 대접은 대사관 방문 의미를 훼손하는 일이다.

▲ 한국대사관 앞에서 가족들과 함께

이제 아들의 대사관 근무 기간도 얼마 남지 않았다. 업무 잘 마무리하고 귀국해 건강한 몸으로 입대하기를 빌었다. 우리에게 잠깐의 머묾을 허락한 대사관을 뒤로하고 문을 나섰다. 대사관 앞 게양대에 태극기가 기품 있게 걸려 있었다. 태극기 문양이 궁궐 단청 빛깔처럼 곱고 선명했다.

29. 청포도 익어 가는 비엔나 근교

대사관 방문을 마치고 난 뒤 근처에 있는 산을 오르기로 했다. 평소에 이곳을 등산했던 아들이 제안해서 이루어진 것. 산은 그리 높지 않아 잘해야 200m 정도로 낮아 보였다. 아들이 그랬던 것처럼 우리도 걸어서 올라가기로 했다. 걸어야 숲속 나무와 새들의 지저귐을 가까이 보고 들을 수 있기에. 여행 중에 가족들과 함께 도심을 벗어나 걸을 수 있는 것은 특별한 경험이다.

주택가를 벗어나자 산자락들이 저마다 독특한 모습으로 호객을 하느라 분주했다. 계곡물이 시원하게 흘러가며 우리들 이야기에 흥을 북돋아 주었다. 무중력 공간을 걷는 듯 걸음이 마냥 가벼웠다. 우리가 가는 길에 아무도 없었다. 호젓한 숲길을 걷는 가족들. 조금은 더운 날씨였지만 숲은 더위를 모조리 거두어 나뭇가지마다 빨래처럼 걸어 놓았다. 비엔나 숲은 이곳을 처음으로 찾아온 손님들에게 청량한 바람 손수건을 기념품으로 나누어 주었다.

길을 좀 더 오르니 산자락 경사지를 따라 포도밭이 너르게 펼쳐졌다. 여름, 청포도 익어 가는 계절. 줄기마다 싱싱한 포도송이가 주렁주렁 자태를 한껏 뽐내고 있었다. 이곳 포도는 대부분 포도주 원료로 쓰이는데, 포도주가 익으면 사람들이 놀러 와 포도주를 마셔 보거나 사가기도 한다고. 도심에서 그리 멀지 않은 곳에 이런 포도밭이 있다니! 산행의 대가를 고즈넉한 전원 풍경으로 돌려주는 비엔나 근교의 정직한 보상이 부러웠다. 이곳은 삶의 원동력을 향상시키는 특별 심신 정화 구역이 아닐까 싶었다.

걸음을 재촉하려는데 청포도 송이들이 일제히 푸른 모자를 머리 위로 밀어 올리며 계속 손짓을 했다. 그냥 가지 말고 비엔나 숲의 이야

▲ 비엔나의 목가적인 포도밭

오스트리아 비엔나

기를 꼭 한번 들어보라고. 잠시 후 포도밭으로 숲속의 정령들이 내려와 요한 슈트라우스Johann Strauss, 1825~1899의 〈비엔나 숲속 이야기〉 연주곡에 맞춰 춤을 추기 시작했다. 포도밭은 거대한 무도회장이 되었다. 우리는 숲속 이야기를 경청하는 동양인 관객들. 4분의 3박자의 빠르고 경쾌한 왈츠 연주곡에 맞춰 영롱한 목소리로 지저귀는 새들의 노래, 비단처럼 나뭇잎 보드라이 스치는 바람 소리, 계곡의 심장을 두들기는 우렁찬 폭포의 함성, 청정무구 숲에서 뛰어노는 아이들의 재잘거림이 감미롭게 메아리쳤다. 포도밭 무도회 여운을 뒤로 하며 걸음을 재촉했다. 고도가 점점 높아짐에 따라 완만하던 경사의 호흡이 조금씩 가빠졌다. 등고선을 한 줄 한 줄 지울 때마다 숲은 맑은 공기와 시원한 바람으로 답례했다. 고목이 쓰러진 곳, 뻥 뚫린 시야로 비엔나 풍경이 영화 예고편처럼 한눈에 들어왔다. 산을 편히 오르도록 숲길을 내 준 나무와 풀의 너른 마음을 깊게 들이마시며 어느덧 정상에 올라섰다.

전망대에서 내려다본 비엔나, 평원 위에 빨강·노랑 물감을 섞어 붓 가는 대로 점점이 찍어 놓은 한 폭의 점묘화로 자연과 도시의 경계가 모호하게 채색된 신묘한 작품이었다. 비엔나 전경은 그림을 그린 화가를 알 수 없는 신인상파 작품 같았다. 고층 건물이 거의 없는 비엔나에서는 건물의 높이를 도시의 자랑으로 삼지 않는 듯싶었다. 고도의 욕심을 누르며 자연에 순응하는 비엔나 사람들의 심성이 차분한 도시 색으로 아른거렸다. 오래 머물고 싶은 도시, 오래 살고 싶은 도시, 오래 보아도 지루하지 않을 도시, 비엔나!

이곳에서는 왠지 사진을 찍지 않아도 될 것 같은 생각이 들었다. 기억의 공간에서는 비엔나 첫 모습이 쉽게 변형되지 않을 것만 같은 믿음이 있었기 때문이다. 회상의 문을 열면 비엔나는 처음 본 그대로 선명하게 현상될 것 같았다. 이런 일은 매우 희귀한 것이어서 특별한 영감을 받아야 일어날 수 있으리라.

전망대에서 멀리 떨어진 곳에 강물 하나 평화롭게 흐르고 있었다. 다뉴브강이었다. 독일에서 발원한 이 물줄기는 오스트리아–슬로바키아–헝가리–세르비아–불가리아–루마니아–러시아 등 동유럽 여러 나라를 거쳐 흑해로 흘러가는 다국적 강이다. 강의 총 길이는 2,850km.

강은 그냥 흐르지 않는다. 유구한 자연의 시간과 그 시간이 만들어 놓은 이로운 열매를 채취하며 살아온 인간의 역사가 함께 흐른다. 강과 함께 살아온 사람들의 역사는 다양하고 풍성한 이야기로 변형되고 압축되었다. 강은 자연의 시간과 인간의 역사를 하나도 지우지 않고 오래도록 보존한다.

이런 특성을 지닌 다뉴브강 물줄기가 비엔나를 지나 헝가리 부다페스트에 이르면 흐름을 멈춰 조의를 표할 것 같았다. 우리가 유럽 여행을 오기 두 달 전인 5월 말, 헝가리 부다페스트에서 한국인 관광객들이 유람선을 탔다가 홍수와 선장 부주의로 배가 전복되는 바람에 많은 사람들이 희생된 사고가 있었기 때문이다.

오스트리아 비엔나

　여행은 느낌을 채우는 과정이다. 허기진 빈속을 밥으로 채우듯 여행은 허기진 가슴에 느낌을 채우는 일이다. 한 번 여행으로 빈속을 다 채울 수는 없다. 오랜 시간에 걸쳐 차근차근 채워 나가야 한다. 이렇게 채워진 느낌은 숙성 기간을 거쳐 새롭게 변형된다. 느낌은 사고의 주요 소재가 되며 사고 작용을 원활하게 하는 윤활유가 된다.

　우리 가족들, 전망대에서 비엔나 시가지를 바라보면서 다시 얻을 수 없는 여행 느낌을 생각 주머니에 가득 챙겨 넣었을 것이다. 느낌을 잔뜩 모아 귀국하면 생활에 활력이 넘칠 것이다. 여행 경비는 남김없이 다 사라지겠지만, 느낌의 가치는 나날이 고공 행진을 하여 풍요로운 삶이 될 것이다. 느낌은 여행의 소중한 보람이며 든든한 정신 재산이다.

하산할 시간이 되었다. 오를 때와는 다른 산책길을 택했다. 적막한 오솔길, 숲의 나무들이 하산 발걸음 소리를 듣고 환송식을 마련했다. 나무 중에 마가목이 눈에 번쩍 띄었다. 문득 장인어른 생각이 떠올랐다. 오래전 울릉도 여행을 갔다가 뼈와 기관지 건강에 좋다며 사 오셨는데, 밭가에 정성껏 심고 가꾸어 두어 해 지나자 나무가 제법 굵게 자랐다. 장인어른은 마가목을 잘라 윷가락 크기로 쪼개 말려 놓았다가 당신 생신날이면 하사품인 양 한 묶음씩 사위들에게 챙겨 주셨다.

마가목 회상이 신발 뒤축처럼 닳았을 무렵 산의 등고선이 처음처럼 완만해졌다. 올라올 때 보았던 포도밭이 청기와 지붕처럼 산자락을 덮었다. 포도밭에는 놀러 온 사람들이 더러 보였는데 청포도를 구경하며 가을 포도주 맛을 미리 점치고 있는 듯 했다. 포도밭 주인은 장인 솜씨로 고객들 예상을 훨씬 뛰어넘는 포도주를 빚어 그들의 미각을 사로잡을 것 같았다. 포도나무 잎 연초록 빛깔로 발효된 시큼 달달한 비엔나 포도주.

포도주 예상 맛에 취한 저녁노을이 불그레한 빛깔로 비엔나 하늘을 물들였다. 저무는 비엔나의 하루, 가족들 발자국 소리가 주택가 골목으로 땅거미처럼 깔렸다.

30. 왼쪽은 심장 쪽이다

사전에서 낱말 하나 찾아보자. 대상 낱말은 '왼쪽'. 하고많은 단어 가운데 하필이면 왜 '왼쪽'인가? 아무튼 검색창에서 '왼쪽'을 입력하고 결과를 기다려 보자. 사전에서는 이 낱말의 뜻을 어떻게 풀이하고 있을까? 아마도 다음과 같은 내용이 뜰 것이다. '북쪽을 향했을 때 서쪽과 같은 쪽.' 이것이 바로 '왼쪽'의 뜻풀이다. 그런데 이런 의미라는 것을 확인했을 때 적잖이 당황스럽고 의심스러웠을지도 모른다. 아니, '왼쪽'은 '심장과 가까운 쪽'이 아니었나 하고 말이다. 이러한 정의를 굳게 믿었던 사람이라면 충격이 클 것이다. 나도 그랬다. 머릿속에 저장했던 의미와 사전 의미가 너무도 차이가 나기 때문이다.

놀라움은 여기서 끝나지 않는다. 영어사전에서 '왼쪽'에 해당하는 'left'의 의미를 검색해 보자. 거의 대부분 다음과 같이 풀이하고 있을 것이다. 'on the side of your body that is towards the west when you are facing north.' 우리말로 옮기면 '북쪽을 향했을 때 서쪽과 같은 쪽'으로 풀이된다. 이렇게 보면 두 사전의 뜻풀이가 조금도 어긋남 없이 겹친다. 아주 신기한 일이다. 이것만이 아니다. '오른쪽, right' 도 마찬가지다. 두 사전 정의에서 '서쪽'과 'left'를 '동쪽'과 'east'로 각각 바꾸면 된다. 이런 결과는 우연의 일치일까?

국어사전과 영어사전의 '왼쪽, left'의 뜻풀이 동일함의 까닭을 역사적 측면에서 살펴볼 필요가 있다. 서양 문물이 들어오기 시작하던 개화기에 외국인 선교사들이 국어사전을 만들어 보급했다. 이것은 근대의 사전 편찬 체제여서 오늘날 사전과 비교할 수 없는 것이지만, 당시의 일상 어휘를 개략적으로 정리한 것으로 사전 편찬의 효시라고 할 수 있다. 그 후 일제 강점기에 접어들면서 민족정신 수호 차원에서 보다 진보된 국어사전들이 등장하기 시작했다. 이런 과정에서 사전 편찬에 참여했던 학자들은 영어사전을 비롯하여 여러 사전을 두루 참고했을 것이다. 이들 사전 중 가장 많은 어휘를 실은 조선어학회《큰 사전》을 보면 '왼쪽'을 '북쪽을 향한 때의 서쪽과 같게 된 방향'으로 풀이하고 있다. 이런 것으로 보아 초기 사전의 '왼쪽' 정의는 현대 국어사전의 개념과 같다고 할 수 있다. 이것은 우연의 일치가 아닌, 영어의 뜻풀이를 우리말 사전에 그대로 옮긴 결과로 보인다.

그런데 영어사전이나 국어사전이나 '왼쪽'의 뜻풀이는 방위를 기준으로 하고 있다. '왼쪽'은 '북쪽' 방향을 기준으로 '서쪽'에 해당하는데,

'왼쪽'의 개념을 이해하려면 우선 '북쪽'이 어디인가를 알아야 한다. 이것을 알지 못하면 '왼쪽' 개념을 알 수 없다. 뭔가 복잡하다는 생각이 든다. 이러한 방위 개념은 비유적으로 말해서 초고속 정보 통신 시대에서 필수 암호인 비밀번호와 같다고 할 수 있다. 비밀번호 생성과 관리는 정보 생활에서 꼭 필요하다. 어쨌든 '왼쪽'이라는 단어의 개념을 이해하기 위해서는 비밀번호 같은 방위 개념인 '북쪽'을 알고 있어야 한다. 일상어에 왜 이런 불합리한 족쇄를 채워야 할까?

'북쪽' 방위를 정확히 이해하기 위해서는 나침반을 항상 가지고 있어야 한다. '북쪽'은 '왼쪽' 단어 개념의 문을 여는 비밀번호이기 때문이다. 길을 걷든 지하철을 타든 지하 공간 또는 건물에 들어가든 '북쪽' 방위를 알아야 '왼쪽'을 인식하며 행동할 수 있다. 그런데 군인과 조종사, 항해사, 기상 전문가, 풍수지리가 등 일부 직업군을 제외하고는 대다수가 방위 감각이 무디다. 방향 감각이 둔한 길치에 속한다. 따라서 이들에게는 좀 더 쉬운 개념이 필요하다.

문헌 기록을 보면 우리 조상들은 이와는 다른 개념으로 사용했을 만한 흔적이 있다. 600여 년 전 중세 국어 자료를 보면 다음과 같은 기록이 있다. "左는 왼녀기라"(좌는 왼쪽이다), "므리 왼녀긘 덥고, 올흔녀긘 ᄎᆞ더라"(물이 왼쪽엔 덥고 오른쪽엔 차더라), "수히 왼 ᄂᆞᆯ개 드리옛ᄂᆞ니"(수컷이 왼쪽 날개를 들었나니) 등. 여기에서 '왼/왼녁'은 한자어 '左'에 대응하는 말이다. '왼녁'의 개념을 구체적으로 풀이하지 않았지만 이것은 오늘날 '왼쪽'의 옛 모습임이 확실하다.

한편, '왼녁'의 맞섬말인 '올흔녁'(오른쪽)도 쓰인 예가 있다. "右 올흔녁 우"(오른쪽 우), "므리 왼녀긘 덥고, 올흔녀긘 추더라"(물이 왼쪽엔 덥고 오른쪽엔 차더라), "꾸러 安否 묻줍고 올흔녀그로 세 볼 값도숩고 흐녀긔 앉거늘"(꿇어 안부를 묻고 오른쪽으로 세 발을 감돌아 한쪽에 앉거늘)에서 '올흔녁'이 이에 해당한다. '올흔녁'의 구체적인 개념은 드러나지 않았지만, 이것은 '오른쪽'의 옛 모습임에 틀림없다.

그러면 조상들은 '왼쪽'과 '오른쪽'을 마음속으로 어떻게 정의했을까? 이에 '올흔손'(오른손)과 '올흔볼'(오른팔)을 도움 자료로 활용해 볼 필요가 있다. '왼쪽', '오른쪽'과 마찬가지로 '오른손'과 '오른팔'은 신체 부위 가운데 어느 곳을 가리키는 것일까? 영어사전 풀이처럼 방위에 기대지 않는다면 신체 부위 중 어느 하나를 기준 삼아야 할 것이다. 이러한 생각은 옛날 조상들도 가지고 있었을 것이다. 성급한 생각이지만, 아마도 '심장'을 기준으로 삼지 않았을까 싶다. 이러한 추측의 근거는 한국인들이 심장과 가까운 쪽은 왼쪽, 심장에서 먼 쪽은 오른쪽으로 의식하는 문화 관습에 둔 것이다. 따라서 '오른손'은 심장의 반대쪽에 있는 손을 가리키며, '오른팔'은 심장의 반대쪽에 있는 팔을 가리키는 것으로 이해할 수 있다.

유럽 여행을 떠나기 두 해 전, 나는 오스트리아에서 근무하는 아들에게 큰 임무 하나를 맡겼다. 그것은 다름 아닌 독일어사전에서는 '왼쪽'(links)을 어떻게 정의하고 있는가를 알아보는 일이었다. 그랬더니 다음과 같은 내용을 보냈다. 'auf der Seite befindlich, die beim Menschen der von ihm selbst aus gesehenen Lage des Herzens im Brustkorb entspricht.' 이것은 '몸을 정면으로 향했을 때 심장이 있는 쪽'이라는 뜻인데, 나는 '심장'이라는 낱말을 보는 순간 심장이 멎는 듯했다. 내 신념의 결정적 지원군, 천군만마를 얻은 느낌이었다. 이 것은 마치 이집트 나일강 모래 언덕에 어느 고대 왕족의 비밀을 풀 수 있는 미라가 있을 것으로 확신한 고고학자가 온갖 어려움 끝에 무덤에서 미라를 발굴해 기존 학설을 뒤집은 것과 같은 일이었다. 그래서였을까? 오래 묵은 개념 체증이 한 순간에 사라졌다. '심장이 있는 쪽', 나의 '왼쪽' 믿음을 사전으로 뒷받침하는 획기적 자료였기 때문이다. 이 개념은 누구나 본능적으로 떠올릴 수 있는 것이어서 방위를 기준으

▲ 호프부르크 왕궁 앞에서 마차를 타는 관광객들

오스트리아 비엔나

로 풀이한 영어사전 개념보다 훨씬 쌈박하다.

독일어를 공용어로 사용하는 오스트리아 비엔나에서 나는 홀가분
한 마음으로 시내 거리를 걸었다. 한국어에서도 독일어에서도 왼쪽은
심장 쪽임을 확인하며.

■　□　■

31. 가고 싶었지만 끝내 가지 못한 잘츠부르크

사람은 일정표에 따라 행동한다. 학생은 학교 시간표에 따라 공부하고 직장인은 일과표에 따라 근무한다. 일이 없는 사람도 머릿속에세워 놓은 계획에 따라 시간을 보낸다. 해야 할 일을 해냄으로써 하루의 시간은 특별한 의미를 얻는다. 그런데 계획을 어긋나게 하는 일이생기는 경우가 있다. 일에는 항상 변수가 따라붙기 때문이다.

유럽 여행을 앞두고 치밀하게 계획을 세웠다. 여행은 이동이 중요한 일인데, 우리는 현지에서 차를 빌려 이동하기로 하고 여행 장소를정했다. 그중 한 곳이 오스트리아 잘츠부르크^{Salzburg}였다. 가족들 모두 이곳을 꼭 가보고 싶다고 해서 넣은 것이다. 일정으로 보아 이곳은비엔나 관광을 마치고 차로 이동하면 여행이 가능했기 때문이었다. 그런데 상황이 바뀌었다. 차로 이동하는 일이 현실적으로 어려웠기 때문에. 그래서 비행기와 기차로 이동하기로 하고 잘츠부르크를 제외했다.이에 따라 '한 나라 한 도시'만을 둘러보는 여행이 되었다. 가보고 싶었던 곳을 가지 못한 아쉬움이 사뭇 컸다.

　　　　　　　　　　　　　　　　　　　오스트리아 비엔나

잘츠부르크는 비엔나에서 서쪽으로 300km 정도 떨어진 곳이다. 이곳은 천재 음악가 모차르트Wolfgang Amadeus Mozart, 1756~1791의 고향이다. 이런 든든한 배경을 반영하듯 잘츠부르크는 음악 도시로 유명하다. 음악을 낳게 하고 이것을 부흥시킬 자연과 인문 환경이 다른 곳에 비해 뛰어난 곳이다. 음악은 귀를 즐겁게 하는 예술 분야다. 악기의 아름다운 음향은 뇌를 자극하여 감성을 풍요롭게 한다.

잘츠부르크의 매력은 이것만이 아니다. 뭔가 끌리는 것이 또 있다. 그것은 바로 영화 〈사운드 오브 뮤직 The Sound of Music〉의 촬영지라는 점이다. 영화를 찍은 곳이라고 해서 모든 사람의 관심을 끄는 것은 아니다. 다른 무엇이 작용해야 한다. 영화를 본 뒤 촬영 장소를 가 보고 싶은 마음이 간절하게 꿈틀거려야 한다. 잘츠부르크는 이런 끌림이 강하게 작용하는 곳이었다.

이 영화를 본 것은 1970년대 초였다. 중학생이던 어느 봄날, 단체로 이 영화를 관람했다. 제2차 세계대전 무렵 오스트리아의 폰 트랩 대령 가족 이야기를 다룬 작품인데 실제 있었던 일을 영화로 제작한 것이다. 영화에 쓰인 말은 영어였다. 아직 외국어 배움이 짧아 영어를 제대로 이해할 수 없었던 나는 빠르게 바뀌는 수직 번역 자막을 시간에 쫓기며 시험을 보듯 초조하게 읽어야 했다.

아내와 사별한 폰 트랩 예비역 대령은 일곱 명의 아이들을 매우 엄격하게 키운다. 군대처럼 호루라기로 지휘하는 훈육으로 아이들은 개성을 잃고 경직된 생활을 한다. 그때 수녀원에서 가정 교사로 온 마리아는 주눅 든 아이들의 구세주였다. 그녀는 남다른 친화력을 발휘한다. 기타를 치며 노래를 불러 준다. 그러자 아이들 생활에 활기가 돈다. 폰 트랩은 자유분방해지는 아이들의 모습을 못마땅하게 여기지만 마리아의 열정은 꺾지 못한다. 폰 트랩의 완고한 사고방식으로 화목의 기운이 말라 버린 집안에 행복이 차오르고, 아이들은 날마다 산으로 강으로 나가 노래를 부르며 자연과 동화한다. 그러는 사이 마리아는 아이들에게 뜨거운 모성애를 느낀다. 차츰 아이들의 엄마가 되어 간다. 마리아의 진심을 발견한 폰 트랩은 그녀를 부인으로 맞이한다. 하나님은 마리아를, 자신을 섬기는 딸로 삼지 않고 일곱 아이들 가장인 폰 트랩의 아내가 되게 했다.

그러나 행복도 잠시, 불행의 먹구름이 몰려왔다. 오스트리아가 독일에 합병되자 폰 트랩 대령은 해군에 복무하라는 명령을 받는다. 새 가정을 꾸려 단란한 시간을 보내고 있던 그는 가족을 지키려 오스트리아를 탈출하기로 결심한다. 그 기회를 음악 경연 대회에 맞추었다. 대회가 열리던 날, 노래를 부르고 심사를 하는 사이 아홉 명 대가족은 삼엄한 경계망을 뚫고 대회장을 빠져나와 마침내 알프스 산을 넘는다.

수십 년이 흘렀지만 이 영화의 감동이 아직도 기억의 필름 속에 살아 있다. 외화를 그리 많이 본 것은 아니지만, 여러 작품들 가운데 이 작품의 잔영은 파도처럼 잔잔하게 밀려와 아련히 추억을 자극한다. 마리아와 일곱 아이들의 가족화 과정이 과거와 현재 두 언덕 사이에서

▼ 알프스를 넘어 스위스로 탈출하는 폰 트랩 가족들. _ 출처: 영화, 사운드 오브 뮤직

무지개처럼 떠 있다. 단체 관람이 감상의 몰입 경쟁을 유발할 수 있는 지는 확실하지 않지만, 아무튼 〈사운드 오브 뮤직〉의 인상은 좀처럼 지워지지 않고 있다.

　이 영화의 압권은 무엇일까? 명장면이 많아 가려내기 어렵겠지만, 어린 딸을 업고 가족들 인솔하며 알프스 산을 넘는 마지막 장면이 아닐까 싶다. 가족을 지켜야 한다는 신념으로 나치 치하에서 극적으로 탈출하는 모습, 만년설과 침엽수가 환상적으로 조화를 이루는 알프스 산의 배경은 영화 주제를 극명하게 드러내며 종결의 아름다움을 인상적으로 보여주기 때문이다.

　꼭 한 번 가고 싶었던 곳 잘츠부르크, 그러나 가지 못해 아쉬움이 컸다. 언제 갈 수 있을지 모른다. 기회를 잃어 어쩌면 가지 못할 수도 있다. 가지 못한 곳이어서 아쉬움은 나무처럼 무성하게 자랄 것이다. 아쉬움은 때론 의욕의 싹을 짓무르게도 하고 상처 난 의욕을 치유하기도 한다. 그러니 아쉬움은 인생의 얄미운 그림자다.

　진한 아쉬움을 뒤로 하고 비엔나에서 취리히로 날아갔다. 어쩌면 그때 하늘에서 이곳을 내려다보았을지도 모른다. 알프스 산이 평면이 되어 잘츠부르크를 알아보지는 못했겠지만 〈사운드 오브 뮤직〉의 촬영지, 1965년의 시간 위를 날아갔을 것이다. 마리아의 일곱 아이들이 뱃놀이하다 물에 빠져 흠뻑 옷이 젖던 저택 앞 호수, 자전거를 타고 신나게 달리던 호숫가 산책길, 꽃으로 잔디밭을 예쁘게 수놓은 고궁의 정원, 기타 반주에 춤추며 노래하던 알프스 산자락의 싱그러운 초원, 나치 추격대의 총부리 무서움에 가족들 부르르 몸을 떨던 수녀원 건물 위를.

■ □ ■

32. 미세먼지 지옥에서 해방되다

　유럽 여행을 하면서 첫날 겪었던 파리 호텔 가방 훼손 사건의 악몽
이 쉽게 지워졌던 까닭은 무엇일까? 루브르 박물관과 베르사유 궁전,
프라하성과 카를교, 쇤브룬 궁전과 비엔나 대통령궁, 취리히 호수와 알
프스 융프라우 등지를 여행하는 데 여념이 없어서였을까? 아니다. 그
것은 뭐니 뭐니 해도 자연환경 때문이라고 할 수 있다. 자연환경 중에
서도 맑은 공기. 여행 내내 환경 선진국인 유럽 국가들의 청정 공기 덕
을 톡톡히 보았다. 미세먼지 고통에서 해방될 수 있었으니 말이다.

　여행을 떠나기 전 미세먼지로 지쳐 있었다. 서울의 대기 오염 수준
은 제대로 숨쉬기 어려울 정도였다. 지난 1월 14일 최악의 미세먼지 농
도를 보였는데 농도가 129마이크로그램(μg)이었다. 3월 5일에는 175μg
으로 1월의 기록을 거뜬히 갈아치웠다. 중국에서 발생해 유입된 먼지
와 우리나라에서 발생한 먼지가 서로 엉겨 붙어 농도 상승 작용이 일
어났기 때문이다. 거리엔 온통 흰색과 검은색 마스크를 낀 사람들로

넘쳐났다. 그들도 답답했겠지만 그 모습을 본 나는 더욱 답답했다. 정부는 미세먼지 농도 기준을 마련해 놓았지만 있으나 마나였다. 코를 통해 기관지로 들어온 고농도 초미세먼지를 하나도 빠져나가지 못하게 정화시켰던 우리는 인간 공기청정기나 다름없었다.

집에서는 안전했었을까? 창문을 닫아 바깥보다는 덜했지만 마찬가지였다. 인간 공기청정기인 나는 아내의 유별난 미세먼지 타령으로 실내 바닥에 쌓인 먼지를 아침과 저녁, 두 번씩 제거해야 했다. 아침에는 대걸레로, 저녁에는 기계식 회전 걸레로 먼지 청소를 해야만 했다. 청소에 지쳐서 "우주도 먼지, 지구도 먼지, 사람도 먼지"라면서 '우주 먼지론'을 설파했지만 매번 헛수고였다.

몸속에 축적된 먼지 의식 농도는 파리 공항에 내리면서부터 말끔하게 사라져 버렸다. 공항에서 파리 시내로 가는 동안 구름 사이로 파란 하늘이 펼쳐졌다. 서울 하늘에서 보았던 검은색 매연 띠가 하나도 보이지 않았다. 눈이 의심스러워 내내 하늘을 바라보았지만 매연 띠는 없었다. 비행기로 이동하는 상공에서도 확인할 수 있었다. 놀라운 일이었다. 이러한 경험은 체코, 스위스, 오스트리아에서도 이어졌다. 특히 스위스와 오스트리아에서는 미세먼지가 거의 없다고 느껴질 정도였다.

이들 두 나라에서 느꼈던 공기의 질은 한국과 비교 불가였다. 미세먼지 기준 농도를 훨씬 밑도는 20-25μg을 보이고 있으니 말이다. 그래서일까? 코를 통해 허파에 들어온 공기의 맛이 달았다. 무색무취의 공기가 달다니? 그러나 과장된 표현이 아니다. 가족들 모두 침 흘리듯 내뱉은 말이었다. 그 정도로 공기가 맑고 깨끗했다. 도시에서도 숲 바람과 같은 신선한 공기를 마실 수 있으니 아무리 걸어도 피곤하지 않았다. 이곳 사람들이 하루를 힘차게 생활할 수 있는 원동력은 아마도 미세먼지 없는 공기 덕분이 아닐까 싶었다.

미세먼지를 느끼지 못할 정도로 낮출 수 있었던 노력을 쉽게 볼 수 있다. 우선 도로에서다. 도로에는 기본적으로 전기로 달리는 트램이 도시 곳곳을 누빈다. 먼지를 전혀 일으키지 않는 대중교통 수단이다. 또한 전기차도 많이 다닌다. 파리 시내 도로에서는 곳곳에 전기차를 위한 전기 충전소를 설치해 놓았다. 실제로 전기를 충전하는 차들을 보았다. 이러한 전기차 우대 정책을 보면 머지않아 유럽의 도로는 전기차가 지배할 것이라는 생각이 들었다. 경유차도 있으나 배출가스 허용 기준을 계속 엄격하게 강화하고 있어서 시커먼 매연을 내뿜고 다니는 강심장 운전자는 눈에 띄지 않았다. 차를 이용하지 않는 시민들은 걷거나 자전거를 타고 다닌다. 걷거나 자전거를 타거나 모두 건강에 이로운 법. 시민들 건강을 고려한 교통 정책으로 유럽의 도시들은 거리마다 골목마다 힘이 넘쳐흐른다.

오스트리아 비엔나 중심에 비엔나의과대학이 자리를 잡고 있는데

우리는 시내를 구경하다 점심때
가 되어 이 대학으로 들어갔다.
아니 식사를 하러 대학 안으로?
그렇다. 우리는, 정문도 울타리
도 없는 비엔나의과대학에 들어
가 식탁이 마련된 나무 그늘에
앉았다. 모시옷처럼 까슬까슬
한 바람, 쪽빛 가을 하늘처럼 높
고 투명한 여름 하늘, 지금껏 경
험하지 못한 도시의 목가적 분위

▲ 비엔나의과대학교

▲ 비엔나의과대학 식당에서 점심을 먹는 가족들

오스트리아 비엔나

기 속에서 비엔나 음식을 즐겼다. 이상향을 찾은 것 같은 꽤나 행복한 표정들이었다. 이런 곳, 비엔나 대학에서 낮잠 한 번 푹 자고 싶다고들 했다.

아내의 미세먼지 타령이 없으니 여행이 더욱 즐겁다. 숙소에 들어와도 집에서처럼 걸레를 들고 먼지 청소를 하지 않아도 된다. 물론 이곳에는 청소를 대신 해 주는 직원들이 있기는 하지만 말이다. 맛있는 공기를 마음껏 들이마시다 보면 미세먼지와 미세먼지 타령에 찌든 내 폐가 곧 정상으로 돌아올 것만 같았다. 유럽은 확실히 미세먼지 정책을 성공적으로 뿌리 내린 국가들로 보인다. 오스트리아를 보면 더욱 그렇다.

■ □ ■

33. 인구 집중이 없는 유럽의 도시들

유럽 여행을 하면서 꽤 많은 것이 궁금하였고 이에 대하여 많은 것
을 이해하며 느낄 수 있었다. 삶의 시차가 다른 낯선 세계로 이동하였
으니 당연한 일이다. 길을 걸으며 눈길이 닿는 곳마다 '왜'라는 질문이
머릿속을 가득 채웠다. 호기심이 유독 많은 내가 여행을 하면서 이러
한 정신 작용이 끊임없이 이루어진 것은 지극히 정상적인 일.

거듭 말하거니와 여행은 느낌의 과정이다. 느낌이 없는 여행은 아
무런 보람도 없는 무의미한 시간의 흐름일 뿐이다. 새로운 대상과 현
상에 대해 관심을 가지고 바라보면서 그것이 가지고 있는 의미 세계를
음미하는 것이 여행이다. 이것이 여행의 가치이며 즐거움이다. 이런 면
으로 볼 때, 여행은 철학의 시간이기도 하다.

호기심의 심지를 한껏 돋우며 구경한 파리, 프라하, 비엔나, 취리히
등의 도시들은 동양의 이방인에게 정신적으로 값진 선물을 안겨 주었
다. 비슷하면서도 서로 다른 특색을 지닌 이들 도시는, 지출한 여행 경
비보다 훨씬 더 많은 소중한 느낌의 세계를 경험케 했다. 여행은 생각

의 영역을 획기적으로 넓힐 수 있는 값진 일탈의 기회다.

네 도시를 여행하면서 건져 올린 특별한 느낌 하나는 이들 도시의
인구가 그리 많지 않다는 점이었다. 이들 가운데 취리히를 제외하고는
모두 해당 국가의 수도이다. 파리는 프랑스의 수도이며, 프라하는 체코
의 수도이며, 비엔나는 오스트리아의 수도이다. 한 나라의 수도나 도시
를 생각할 때 일반적으로 규모를 떠올리게 되는데 면적보다는 인구수
가 먼저 생각에 잡힌다. 그런데 이들 도시의 인구수는 생각보다 적어
도시 규모를 판단하는 데 별로 도움이 되지 않는다.

파리의 인구수는 대략 220만 명, 프라하는 130만 명, 비엔나는 170
만 명, 취리히는 34만 명 정도다. 파리 인구 220만 명은 프랑스 총 인
구수 6,500만 명의 1/30에 지나지 않는다. 물론 파리 외곽의 인구수
를 합하면 1,100만 명으로 늘어나긴 하지만 그래도 프랑스 전체 인구의
1/6에 지나지 않아 적정하다고 할 수 있다. 파리가 유럽 여행 1번지라
는 점을 고려할 때 인구수 220만 명은 그리 많지 않다는 생각이 든다.
프라하 인구 130만 명은 체코의 총 인구수 1,000만 명의 1/7에 지나지
않는다. 더 많이 살아도 될 여유 있는 도시라고 할 수 있다. 비엔나는
170만 명 정도인데 이것은 오스트리아 총 인구수 900만 명의 1/5에 해
당하는 것으로 이곳도 여유가 있다. 취리히 34만 명은 스위스 총 인구
수 860만 명의 1/25에 지나지 않아 적적하다는 느낌이 들 정도다.

▲ 역사적인 문화유산을 지니고 있는 파리 콩코드 광장

▲ 체코 민주화 운동이 시작된 바츨라프 광장

오스트리아 비엔나

인구수로 볼 때 이들 도시는 거대 도시가 아니라는 것에 방점을 찍을 필요가 있다. 중국, 인도, 일본, 필리핀 등 인구가 많은 아시아 국가들의 수도가 엄청난 인구수를 보여 주는 점을 상기해 볼 때 이들 도시의 인구수는 왜소하다고 할 수 있다. 인구수만으로 본다면 관심조차 끌 수 없는 도시라고 할 수 있다.

그러면 우리의 수도 서울은 어떤가? 서울과 수도권의 인구수를 살펴보면 서울 인구는 1,000만 명에 가깝고 여기에 수도권 인구까지 합치면 모두 2,500만 명으로 전체 인구 5,000만 명의 절반이 된다. 서울과 인천, 경기도 등 수도권 좁은 땅에 우리나라 인구의 절반이 살고 있다. 도시 면적만을 고려했을 때, 이러한 인구 밀집도는 세계에서 우리나라가 유일하다. 숨이 콱 막힐 것 같은 최악의 밀집도이다.

서울 인구 1,000만 명, 이 숫자는 말할 필요도 없이 초긴장 인구수다. 좁은 도시 공간에 거대 집단이 살아간다는 것은 기적에 가까운 일이다. 수도 서울 1,000만 명은 체코의 총 인구수와 같고 스위스와 오스트리아 각각의 총 인구수보다 많다. 서울의 인구수는 결코 다른 나라가 부러워할 인구수가 아니다. 여기에 수도권 인구를 합치면 더욱 그렇다. 이것은 부러움의 대상이 아닌 걱정의 대상이 될 것임이 뻔하다.

삭막하고 답답한 도시, 개성이라고는 눈을 씻고서도 찾아볼 수 없는 기형적인 수도 서울. 내세울 것이라고는 1,000만이라는 도시 인구수뿐인 회색 도시 서울. 도시가 사람들이 많이 모여 사는 곳이라고 해도 여기에는 알맞은 인구수가 전제되어야 한다. 이것이 성립되지 않으면 도시는 그 기능을 잃고 말 것이다. 그런 경우, 도시가 사람을 위해 존재하는 것이 아니라 사람이 도시를 위해 존재하는 것이다.

서울은 1960년대 경제 개발 시대를 기점으로 인구가 폭발적으로 늘어났다. 1965년에 347만 명이던 인구가 1970년에는 543만 명으로, 1980년에는 835만 명으로, 1990년에는 1,060만 명으로 거침없이 폭증했다. 불과 35년 만에 1,000만 명이 되었으니 가히 기하급수적인 증가라고 할 수 있다. 사람만이 늘어난 것이 아니다. 자동차도 인구처럼 기하급수적으로 늘어났다. 대책 없는 인구 증가는 여러 가지 도시 문제를 불러일으켰다. 심각한 주택난, 교통난, 환경 오염, 범죄 증가 등 해결하기 요원한 일들이 산적해 있다. 사람과 자동차로 점령당한 서울 모습을 어느 누가 손뼉 치며 기뻐할 수 있을까?

나는 이와 같은 서울의 기형적인 인구 집중 현상을 오래전부터 우려했다. 고등학생 시절에 특별히 이 문제에 관심이 많았었는데, 그때 나는 이미 서울의 인구 집중이 우리나라 발전에 발목을 잡을 것으로 전망하였다. 이러한 근심이 곪아 터진 1975년 4월 15일, 일기에 다음과 같이 생각을 정리하였다. 〈심각한 교통난〉이라는 제목으로 쓴 글인데 원문을 그대로 옮겨 본다.

"서울의 아침 러시아워 시간의 차 타기 문제는 다른 어느 것보다도 급선무의 일이다. 직장의 근로자들 혹은 학생들은 지각을 하지 않기 위해서는 뜀박질 차 타기를 해야 한다. 이것은 다만 서울의 형편뿐만

오스트리아 비엔나

이 아니라 다른 도시도 예외일 수는 없다. 서울 시내에는 수많은 운수 업체가 있다. 그런데도 출퇴근 시간이면 교통의 혼잡은 말 할수 없다. 과연 이런 문제들은 어디에 있을까 의심하지 않을 수 없다. 그래서 내 견해로는 과대한 인구의 도시 집중 현상에서 온다고 본다. 아무리 운수업체가 많다 할지라도 재정상으로 볼 때 인구에 비례해서 자동차를 보유할 그런 운수 업체는 없는 것 같다. 제한된 자동차에 인구는 급진적으로 증가하니 이런 교통난의 초래는 당연하다. 그나마 지금 운행되고 있는 자동차 중에는 노후된 차들이 대부분이다. 원만한 교통난을 위해서는 강경한 정책을 써서라도 도시의 인구집중현상을 막아야 한다. 그리고 인구 분산 계획도 서둘러야겠다. 이것을 해결하는 길만이 교통난을 해결하는 데 가장 빠른 지름길이다."

글의 내용을 조리질하면, 서울에서 출퇴근 시간에 버스 타기가 매우 힘들다고 하면서 이러한 교통난을 해결하기 위해서는 서울의 급진적인 인구 증가를 막아야 한다고 주장한 것이다. 이러한 정책을 강력하게 시행할 것을 주문하기도 했다. 47년 전의 생각이었다. 1975년, 도시 인구 집중과 인구 분산 정책 개념이 아직 싹트지 않았던 때에 이와 같은 생각을 가지고 있었다는 것이 믿기지 않을 터이지만, 나는 분명히 그때부터 서울의 과도한 인구 집중 현상에 대해 큰 고민을 해 왔다.

서울의 인구 집중은 곧 지방 도시의 인구 감소를 뜻한다. 서울의 인구 증가는 자체 증가라기보다는 지방 도시나 농촌 인구의 대거 유입에 따른 것이라고 할 수 있다. 서울의 인구 집중을 막고 지방 도시를 살리기 위한 국토 균형 발전 정책은 없었거나 있었다고 해도 실패로 끝난 것이라 할 수 있다. 이런 흐름이 지속된다면 머지않아 지방은 소멸할 것이다. 국가의 큰 불행이며 재앙이다.

지방 도시가 건강해야 국가가 건강하다. 1,000만 수도 서울과 2,500만 수도권 인구 현실은 암울한 미래만을 보여줄 뿐이다. 지금도 수도권 몇몇 도시들은 100만 도시 승격이라는 장밋빛 청사진을 내걸고 진공청소기처럼 지방 인구를 빨아들이고 있다. 서울과 수도권의 주택난이 심각하다고 판단되면 몇 년 만에 신도시 하나 뚝딱 만들어 낸다. 그러면 급조된 아파트 숲으로 사람들이 몰려드는데, 신도시가 만들어진 곳은 언제나 수도권 지역이다. 이런 곳에서 어찌 인간의 따뜻한 소통과 삶을 기대할 수 있겠으며, 전통문화가 살아 숨 쉬는 격조 높은 도시가 되기를 기대할 수 있겠는가?

우리의 암울한 현실과는 달리, 유럽에서는 도시 인구 집중이 거의 없다. 파리도, 프라하도, 비엔나도, 그리고 취리히도 인구 집중 현상은 보이지 않는다. 명색이 한 나라의 수도인데도 도시가 아주 차분하다. 도시인들의 삶은 평온하고 풍요로워 체감 행복도가 상당히 높다. 이것은 시민들의 표정으로 고스란히 드러난다. 남을 배려하고 낙천적이며 여유로운 모습은 이들의 삶이 더 이상 바랄 것 없는 최상의 수준임을 보여 준다.

오스트리아 비엔나

도시를 면적과 인구수로 평가하던 시대는 지났다. 시대마다 결을 달리한 역사의 흔적과 전통문화가 꿈틀거리는 공간에서 시민들이 풍족한 삶을 누릴 수 있는 도시가 가장 이상적인 도시라고 할 수 있다. 유럽의 도시들은 오랜 역사와 자랑스러운 문화유산을 가지고 있다. 시민들은 이런 환경 속에서 안정적인 경제 활동과 품위 있는 문화생활을 누리고 있다. 조상이 물려준 문화유산을 바탕으로 끊임없이 새로운 것을 창조해 내고 있다. 으리으리한 초고층 건물이 없어도 늘 관광객들로 붐빈다. 이러한 생활 속에서 자신이 살고 있는 도시에 큰 자긍심을 갖고 있다. 따라서 다른 도시를 부러워하지 않으며 더군다나 삶의 터전을 송두리째 옮길 마음도 없을 것이다.

앞에서 말했듯이, 유럽 도시들은 인구가 많지 않다. 문화 관광 자원이 즐비한 이들 도시는 관광객들을 얼마든지 맞이할 수 있는 기본적인 준비가 잘 되어 있다. 지금은 관광의 시대다. 관광은 고부가 가치를 창출하는 매력 있는 산업이다. 볼거리가 많아야 관광객들을 불러들일 수 있다. 보여줄 것이 거대 인구뿐인 도시에서는 관광 산업을 기대할 수는 없다. 관광 안목이 높은 외국인들이 볼 것 없는 관광을 하러 오리라는 기대는 일찌감치 포기하는 것이 좋을 것이다.

파리, 프라하, 비엔나, 취리히는 수준 높은 선진 관광 도시다. 도시마다 사람들을 끌어들이는 특별한 매력이 있다. 그러나 도시의 인구수는 이런 매력에 절대 포함되지 않는다. 관광 자원이 없어 도시가 쇠락

하지 인구가 적어 쇠락하지는 않는다. 인구 집중이 없고 문화 관광 자원이 풍부한 유럽 도시들은 진정한 인간의 도시다.

2019. 7. 30. ~ 8. 9.

CHAPTER · 4

스위스 취리히

8. 6.~8. 8.

■ ✚ ■

34. 취리히행 여객기가 저공으로 비행한 까닭

스위스로 떠나는 날 아침, 비가 내렸다. 보슬비였는데 길을 적실 정
도였다. 비는 가족 여행의 열기를 식혀 주려는 듯싶었다. 내리는 품새
로 보아 공항에 도착할 때는 그칠 것 같았다. 택시가 도착하자 가족
들, 일사불란하게 가방을 실었다. 아쉬움 속에 떠남을 재촉해야 하는

▲ 비엔나 공항

여행 수칙에 익숙한 우리에게 비엔나는 아침 비로 배웅을 하였다.

비엔나 외곽에 있는 공항까지 가는 데 그리 많은 시간이 걸리지 않았다. 예상대로 비가 그치고 구름이 걷히기 시작했다. 탑승 수속을 마치고 우리가 타고 갈 취리히행 여객기에 올랐다. 그런데 아무리 생각해 보아도 비행기가 작았다. 100여 명 탈 수 있는 여객기였다. 승객들은 많지 않아 원하는 자리에 앉을 수 있었다. 우리는 맨 뒤쪽에 앉았다. 나는 밖이 잘 내려다보이는 창가에 매미처럼 들러붙어 앉았다. 스위스 취리히로 가는 동안 창밖을 보면서 여름 풍경을 독점 감상하리라!

여성 승무원 두 명이 기내 뒤쪽에 서 있었다. 나이가 좀 들어 보이는 승무원들은 주황색 근무복을 말끔하게 차려 입었다. 기내를 돌며 승객들의 안전 점검을 마친 두 여성은 다시 제자리로 돌아와 이륙을 기다리고 있었다. 그러더니 기내에서는 허용될 수 없는 목소리로 대화를 나누기 시작했다. 업무상의 이야기가 아닌 지극히 사적인 이야기, 수다를 떨기 시작한 것. 기내가 넓지 않아서 그녀들의 이야기 소리는 앞쪽 승객들에게도 들릴 것 같았다. 승객들은 전혀 아랑곳하지 않는 과감한 대화였다. 이웃집 여자들이 모여 한바탕 이야기보따리를 풀어 놓은 것 같았다. 독일어라서 내용을 알아들을 수 없었지만 목소리는 낭랑하여 거부감이 없었다.

이야기가 금방 끝나려나 했는데 그게 아니었다. 참새가 모여 재잘거리듯 두 여인의 이야기는 금세 불이 붙었다. 아마도 아침에 있었던 일들을 화제로 삼은 듯했다. 아이들 깨우느라 한바탕 소동이 벌어졌다거나, 늦잠을 자는 바람에 아침도 먹지 못한 채 공항에 왔다거나, 이웃집 남자가 잔디를 깎다가 벌에 쏘였다거나, 오늘이 신나는 월급날이라거나 등등. 그런 내용일 것이라는 생각이 드니 그녀들의 수다가 귀를 즐겁게 간지럽혔다. 삶의 냄새가 물씬 풍기는 이야기일 것이므로.

승객을 태운 여객기가 계류장을 벗어나 이륙 활주로에 도착했다. 출력을 최대로 끌어올린 여객기가 앞으로 튀어나가더니 이내 하늘로 기체를 들어올렸다. 지상의 중력을 충분히 견딜 수 있는 고도까지 상승한 뒤 가쁜 숨을 가라앉히며 수평 비행을 시작했다. 기체가 작아서

▲ 하늘에서 내려다본 비엔나

였는지 엔진 소리가 그리 크지 않아 백색 소음 같았다. 날개 끝에 빨간색 삼각형 안테나가 붙어 있었다. 흰색 날개에 달린 안테나는 언뜻 보아 낚싯줄에 연결된 빨간색 찌와 비슷했다. 비엔나 시내가 평면으로 압축되어 한눈에 내려다볼 수 있었다. 기수를 오른쪽으로 틀자 어제 올라갔던 산이 보였다. 푸른 머리를 곱게 빗어 단장을 한 포도밭도 보였다.

얼마나 지났을까 기내식이 나왔다. 빵과 음료수 정도의 간편식이었다. 아침을 거른 터여서 음식은 게 눈 감추듯 금세 사라졌다. 조금 전까지 수다를 떨던 승무원들은 기내를 정리하고는 휴게실로 들어가 버렸다. 방음이 잘 된 문이었는지 그녀들의 말소리는 더 이상 들리지 않았다. 본격적인 조망의 시간. 고개는 우향우, 눈은 허공 아래로.

소형 여객기여서인지 고도가 그리 높지 않았다. 중대형 여객기의 고도가 10~12km 정도임에 비해서 취리히행 비행기는 그 고도의 반쯤 되어 보였다. 10km 이상의 고도에서는 볼 수 있는 것이라곤 태양에 빛나는 구름밭뿐이다. 그렇게 10시간을 이상을 떠가다 보면 지루할 수 있다. 그런 고도에 비해 5~6km 정도의 고도에서 아래를 내려다보면 눈이 호강을 한다. 취리히로 가는 여객기가 바로 최적의 고도로 운항하고 있어서 지상의 모든 것을 자세히 조망할 수 있다. 앞으로 한 시간 정도 이 특권을 한껏 누릴 것이다.

비를 뿌리던 하늘이 점점 맑아져 시계가 한결 좋아졌다. 오스트리아의 땅과 하늘이 영화의 첫 장면처럼 두 눈을 압도했다. 날씨에 따른 조망 행운이었다. 조망 행운뿐만이 아니었다. '취리히'와 연상되는 기억 하나가 펼쳐진 것. 1980년대 국내의 한 항공사가 광고를 한 적이 있었는데, 문구 중 하나가 '서울—취리히 주 3회 운항'이었다. 그러면서 배경 음악으로 애니타 커 싱어즈Anita Kerr Singers의 〈나의 세계로 어서 오세요 Welcome to my world〉라는 노래가 흘러나왔다. 이 노래는 감미롭고 몽환적이어서 인상적이었는데, 광고 음악으로는 탁월한 선택이었기에 효과가 컸을 것이다. 광고를 보는 순간, 비행기를 타고 한번 취리히를 가보고 싶다는 충동감이 활활 타올랐을 것이다. 지금 나는 오래전 광고 음악을 반추하며 비엔나에서 스위스 취리히로 여행을 떠나고 있다.

보이는 것들마다 장관이었다. 제일 먼저 눈길을 사로잡은 것은 다뉴브강이었다. 평원을 가로지르며 유유히 흐르는 강, 비행 항로는 강과 일치했다. 비행기는 강을 따라 일정한 고도를 유지하며 스위스로 향하고 있었다. 강줄기는 어머니가 평생 걸었던 늙은 논두렁처럼 굽어 있었다. 어느 구간은 구불구불 몸뚱이를 틀어 사막을 기어가는 뱀 같았다.

다뉴브강은 평원에 글자를 만들었다. 오랜 지구 작용의 시간 동안 만들어 낸 물의 글, 강의 글이다. 곡선의 획을 끊임없이 이어 붙인 자연의 글. 평원 위에 한지를 펼쳐 놓고 글자의 획을 자유분방하게 구부려 먹물을 입힌 추사의 예서체. 강물의 획이 한없이 부드러우면서도 담대하다. 신묘한 강의 붓이 푸른 한지 위에서 사뿐히 춤을 추는 듯싶다. 지금 나의 눈길은 다뉴브강의 서체를 향해 급강하고 있다. 곧음의 획을 지우고 굽음의 획을 이어 물의 글자를 창조하는 다뉴브강의 놀라운 서체 능력이 맑은 햇살로 눈부시다. 다뉴브강 굽음의 숨결이 여름 하늘 아래 맑게 흐르고 있었다. 내가 탄 취리히행 여객기가 저공 비행을 하는 까닭을 깨달았다. 최적의 고도에서 멋진 경관을 맘껏 감상해 보라는 조종사의 배려였던 것 같았다. 이런 자연의 모습을 볼 수 있는 행운은 천재일우였다.

▲ 물길이 자유로운 다뉴브강

강줄기가 누에 실처럼 계속 풀려 나왔다. 강을 끼고 있는 너른 들녘엔 수확을 마친 밀밭이 황토 염색을 했다. 갈아 놓은 지 얼마 안 된 밀밭은 진한 황토색이고 햇볕에 마른 밀밭은 색이 조금씩 퇴색하고 있

스위스 취리히

었다. 채소와 옥수수를 심은 듯한 밭들은 푸른색을 띠고 있었다. 황토색 밭과 푸른색 밭이 교대로 나타나 격자무늬를 이루었다. 불규칙한 체크무늬, 자연과 인간이 이루어 놓은 멋진 그림이었다. 피카소의 추상화처럼 보이기도 하고 페루 나스카 사막 그림처럼 보이기도 했다. 얼핏 보아 어릴 적 어머니가 천 조각들을 모아 한 땀 한 땀 바느질하여 만든 알록달록한 밥상보 같기도 하였다. 다양한 얼굴을 지닌 오스트리아의 평원은 초대형 조각 그림 맞추기 놀이에 한창이었다.

▲ 스위스 농부들이 그려 놓은 기하학적 무늬

이와 같은 격자무늬 평원은 먼저 경험한 적이 있다. 파리에서 프라하로 가는 여객기 안에서였다. 그때 프랑스와 독일, 그리고 체코의 평원을 조망했었는데, 그 장관을 보면서 체크무늬가 평원의 격자무늬에서 비롯되지 않았을까 하는 생각을 한 적이 있었다. 체크무늬가 서양식 장기인 체스에서 유래한 것이라는 설이 있지만, 취리히행 여객기에서 내려다본 들녘의 풍경은 자꾸만 체크무늬로 보였다.

유럽의 드넓은 여름 평원의 매력은 그 어느 것에 견주어도 뒤지지 않는다. 그 핵심은 격자무늬 들녘에 있다. 오래도록 밀농사를 지어온 농부들이 만든 예술품이다. 땅 위에 만들어 놓은 체크무늬는 대대로 이어져 왔을 것이다. 아마도 밀을 심기 시작했을 때부터 나타났을지도 모른다. 가깝게는 제2차 세계대전 때에도 만들어졌을 것이다. 그때 영국과 독일 두 나라 폭격기 승무원들은 출격하면서 여름 체크무늬 평야를 내려다보았을 것이다. 그들은 환상적인 체크무늬를 보면서 무슨 생각을 했을까? 아른거리는 무늬에 비행 혼란을 일으켜 고도를 더 높였을까? 아니면 아름다운 평원 무늬에 넋을 잃어 폭격 시점을 놓치거나 아예 폭격을 단념하고 부대로 복귀하지는 않았을까? 생각의 꼬리가 고무줄처럼 늘어났다.

숲 한편에 마을이 자리 잡고 있었다. 옹기종기 모여 있는 집들과 주어진 자연 환경 속에서 행복하게 살아가는 사람들. 저 아래 사람들은 '투기'와 '투자'라는 '이투'의 개념에 집착하며 살고 있을까? 땅과 집을 이투의 대상으로 삼고 있을까? 그러나 황토색, 푸른색 밭들이 끊임없이 펼쳐지는 평원을 바라보면서 이런 질문이 헛된 것임을 느꼈다. 따뜻한 마음으로 이웃과 정겹게 살아야겠다는 높은 사회의식과 삶의 철학을 확고하게 갖고 있는 저 아래 사람들은 이투의 개념과 거리가 멀 것이라는 생각이 들었다. 잠깐의 세속적인 생각이 평원의 아름다움을 더

럽히지는 않았을까 하는 후회가 구름처럼 밀려들었다.

▲ 구름처럼 평화롭게 모여 사는 스위스 사람들

　여객기는 계속 서쪽으로 향하고 있다. 내 눈을 따라오던 강줄기가 보이지 않는다. 강이 더 이상 보이지 않는다는 것은 오스트리아를 벗어나 스위스로 들어서고 있다는 것. 다뉴브강의 긴 여운이 쪽빛 하늘에 비행 구름으로 응결되었다.

　생각의 고도가 점점 낮아지기 시작했다. 조망의 양력이 뚝뚝 떨어져 지상과 가까워졌다. 한 시간 동안 감상과 상상의 나래를 펼쳤던 허공에 해사한 찔레꽃들이 무리 지어 흘러가고 있었다. 이때 쿵 하는 활주로 마찰음에 기체가 부르르 떨렸다. 여객기가 계류장에 멈췄다. 문이 활짝 열렸다. 취리히 여행에 대한 설렘이 섬광처럼 빛났다.

■ ✛ ■

35. 스위스는 수위수

　취리히 공항에 도착한 뒤 시내 숙소로 갔다. 숙소에 짐을 풀고는 바로 구경에 나섰다. 그런데 흐리던 날씨가 시원하게 소나기를 뿌렸다. 비가 긋고 나니 걷기가 한결 가벼웠다. 가족들 표정이 맑았다. 비를 피했던 사람들이 거리로 나와 저녁 시장처럼 활기를 띠기 시작했다.

　걸음을 재촉하여 간 곳은 취리히 호수였다. 지금까지 보아 왔던 호수려니 생각하고 기대를 하지 않았었다. 그런데 호수를 바라보니 예상을 훨씬 뛰어넘어 망망대해였다. 그도 그럴 것이 이 호수의 길이는 무려 40km, 폭은 4km에 이르는데, 규모로 보아 스위스에서 세 번째로 크다고 한다. '예상보다 훨씬 많이'라는 뜻을 가진 '무려'라는 부사를 쓰지 않을 수 없었다. 우리식 거리 단위로 변환하면 길이는 백 리, 너비는 십 리에 각각 이른다. 바다가 없는 스위스에 이런 호수가 있다니 놀라웠다. 취리히 시민들은 이곳을 바다로 여기고 있지 않을까? 바다 같은 호수, 취리히 호수는 8,000년 전에 알프스 빙하가 녹아 흘러들어 만들어졌다고 한다.

▲ 선착장에서 관광객들을 기다리는 유람선

너른 바다 저 멀리서 유람선 한 척이 시원하게 물살을 가르며 선착장을 향해 접근하고 있었다. 선착장 주변에는 돛을 접은 작은 배들이 물새처럼 모여 저녁노을을 기다리고 있었다. 백조의 호수, 배가 다니지 않는 물 위엔 백조들이 한가로이 노닐고 있었다. 백조들을 보니 마치 작은 돛단배 같았다. 백조들은 긴 목을 곧추세우며 수면을 응시하고 있었다. 백조의 심오한 생각, 먹이를 찾기 위함인가, 이곳을 찾는 관광객들을 위해 우아하게 춤이라도 추기 위함인가?

나의 눈길이 가장 오래 머문 곳은 호수의 물빛이었다. 앞에서 말했듯이, 이 호수는 8,000년 전에 형성된 것이다. 그때 빙하 물이 흘러들어 거대한 내륙의 바다를 이룬 것이다. 따라서 지금 내가 보고 있는

것은 적어도 8,000년 전의 물이요, 저 맑은 물빛은 그때의 물빛 그대로일 것이다. 내륙 바다의 물이 이토록 깨끗할 수 있을까? 그냥 떠 마시고 싶을 정도로 맑디맑은 샘물 정화수 같은 물이었다. 깨끗한 물빛을 가리키는 낱말들이 주낙에 걸린 물고기처럼 줄줄이 딸려 나왔다. '쪽빛, 옥색, 청옥빛, 비취색, 하늘색, 에메랄드 색' 등등. 취리히 호수의 물빛은 이들 표현 중 하나만으로는 도저히 형용할 수 없었다. 이 모든 표현을 초월하는 '태초의 물빛'이라고 해야 할 것 같았다.

취리히 호수가 '태초의 물빛'을 띠고 있는 것은 우연이 아니라고 본다. 빙하 물을 그대로 유지하기 위해 각고의 노력을 펼친 스위스 사람들의 남다른 의지가 있었기 때문일 것이다. 이런 의지가 없었다면 취리히 호수는, 태초의 물빛을 감쪽같이 속일 수 있는 짝퉁 녹조 호수가 되었을 것이다. 빙하 물과 녹조 물은 비교할 수 없는 양극의 물빛이다. 빙하수를 유지할 수 있는 것은 그 나라 사람들의 맑은 정신이 역사 속에서 끊임없이 흐르고 있기 때문이고, 녹조수를 만드는 것은 그 나라 사람들의 탐욕과 더럽혀진 정신이 시간의 흐름 속에서 강하게 작용하기 때문이다.

물을 깨끗하게 관리할 수 있는 스위스의 근원적 신념은 무엇일까? 헌법에 빙하 물을 최적의 상태로 관리할 수 있는 특별 조항을 넣어 둔 것일까? 이것은 아마도 알프스 산악 지역에 나라를 세워 청정한 물을 마시며 살아갈 수 있는 혜택을 고맙게 여기며 자연의 은혜에 보답하기 위한 성스러운 의무감 때문이 아닐까 싶다. 스위스 국민은 이러한 의무감의 굴레를 벗어 버리지는 않을 것이다, 빙하가 완전히 녹아 없어지기까지는. 이것이 취리히에 도착해서 얻은 물 느낌이었다. 그러면 취리히 호수만 '태초의 물빛'을 간직하고 있는 것일까? 아니다. 가는 곳마다 똑같은 물빛이었다.

스위스 여행 이틀째 되던 날, 융프라우에 오르기 위해 기차를 탔다. 시야가 확 트인 2층에 앉았다. 취리히 시내를 벗어나자 작은 강줄기 하나가 보였다. 물의 흐름으로 보아 취리히 호수로 흘러가는 듯 했다. 나는 또 수질 판정관의 눈빛으로 강의 물빛을 꿰뚫어 보았다. 물빛은 취리히 호수의 물빛과 같았다. 투명하게 흐르는 강물을 보니 여기에서는 '오염'이라는 말을 함부로 쓸 수 없을 것 같았다. 이 단어를 쓴다면 스위스 사람들을 모욕하는 행위라는 생각이 들었다.

국가의 건강성은 국민의 건강성에서 비롯되며 국민의 건강성은 자연의 건강성에서 비롯된다. 이런 추론으로 볼 때 스위스의 건강성은 자연의 건강성에서 비롯된다고 할 수 있다. 자연의 건강성은 이것의 중요성을 인식하여 지켜 보존하려는 투철한 국민 의식이 전제되어야 형성된다. 이 세 가지 특성은 각각 독립될 수 있는 것이 아니라 유기적 관계에 있다고 할 수 있다. '태초의 물빛'을 설명하는 데 있어서 유용한 방법은 이와 같은 신념에 의지하는 것밖에는 따로 또 없었다. 시대가 바뀌어도 정권이 바뀌어도 변하지 않는 스위스의 물의 신념이 한없이 부러웠다.

기차가 베른역에 도착했다. 인터라켄으로 가기 위해 기차를 갈아타야 했다. 스위스의 수도인 베른의 물빛도 마찬가지였다. 한탄강처럼 깊게 파인 강줄기 아래로 비취색 빙하 물이 구불구불 힘차게 흐르고 있었다. 베른이 수도여서 시 당국이 저런 물빛을 보이려고 상당한 양의 물감을 탄 것은 아닐까? 하지만 이것은 사실무근. 녹조에 익숙했던 내 눈이 자꾸만 부정적인 생각으로 쏠렸기에 나타난 수치스러운 의심이었다.

스위스 빙하 물을 보면서 계속해서 떠오른 궁금증이 있었다. 가정과 공장에서 쏟아져 나오는 생활하수와 중금속 오폐수를 어떻게 처리해서 흘려보낼까? 생활하수든 오폐수든 처리 과정이 복잡한 일이거늘, 여기에서는 정화 처리한 물을 빙하수가 흐르는 강이나 호수로 그대로 흘려보낼까? 이 경우 방류수의 수질 기준은 우리와 비교하여 얼마나 차이가 날까? 물에 관한 한 어떠한 방심과 느슨함도 허용하지 않을 스위스에서는 엄격한 하수 처리로 빙하 물을 녹조 물로는 만들지 않을 것 같았다.

베른을 벗어난 지 얼마 안 되어 호수가 나타났다. 툰 호수였다. 이곳도 빙하 물로 만들어진 큰 호수였는데 바다를 떠올릴 만큼 드넓었다. 취리히 호수와 마찬가지로 유람선이 다니고 개인용 놀잇배들은 돛을 내리고 쉬고 있었다. 호수 건너엔 안개를 옅게 드리운 준봉들이 병풍처럼 서 있었다. 준봉들 뒤로는 만년설로 덮인 산들이 우뚝 서 있었다. 이 호수의 물빛도 원시적인 모습 그대로였다. 물의 낙원, 오직 자연만이 만들 수 있는 영롱하고 경이로운 저 물빛의 춤.

툰 호수를 맘껏 구경하라고 만들어 놓은 듯, 기찻길이 호수 수면과 거의 맞닿아 있었다. 마치 우리나라 동해선을 따라 달리는 해변 열차 같았다. 승객들의 호수 조망을 배려한 듯 열차는 속도를 늦춘 듯했다. 우리는 '와' 하는 감탄사만 쏟아냈다. 영화의 절정 부분을 감상하는 듯 차창 밖으로 펼쳐지는 호수의 절경과 장관에 몰입했다. 신선과 요정들이 나타나 사뿐사뿐 물 위를 걸어 다닐 것만 같은 곳, 툰 호수는 속계와 거리가 먼 선계의 공간이었다. 이런 생각이 드는 것은 호수의 수질이 너무도 깨끗했기 때문이었다. 고여 있는 물이 악취와 녹조가 심했다면 눈을 감고 외면했을 것이다. 빙하의 물을 처음 그대로 보존해 온 스위스 사람들에게 경의를 표하고 싶었다.

▲ 바람과 물결이 멈춘 튠 호수

　호수를 벗어난 기차는 고산 준봉들이 위용을 뽐내고 있는 알프스 산악 지대로 들어서고 있었다. 만년설을 이고 있는 설봉들이 구름 사이로 희디흰 잇몸을 한껏 드러내며 이방인들을 영접했다. 계곡 하천은 불어난 빙하 물이 청옥색, 비취색 두 물감을 혼합한 듯 신비한 물빛을 보이며 흘렀다. 저 물속을 헤엄치는 물고기들은 무기질이 풍부한 물만 먹어도 생체 유지에 별 문제가 없을 것 같았다. 먹이 다툼 없이 살아갈 낙원의 물고기들. 모네가 지베르니 연못에서 수련의 인상적인 모습을 포착하기 위해 강렬한 햇빛에 시력을 잃는 것과는 달리, 매일 저런 물빛을 바라본다면 혹사당한 눈이 감쪽같이 치유될 것 같았다.

▲ 스위스 하천의 진수를 보여 주는 비취색 물줄기

인터라켄 동역에서 내린 뒤 산악 열차를 타고 '유럽의 지붕'이라고 일컫는 융프라우로 올라갔다. 쏟아지던 빗줄기가 점차 가늘어지더니 기적처럼 구름이 걷히기 시작했다. 고도가 금세 2,000m를 넘었다. 구름을 걷어치운 융프라우 산봉우리들이 빙하와 만년설 옷으로 치장했다. 나무 하나 없는 3,000m 수직 암벽들, 새하얀 베틀을 걸어 놓고 경쾌하게 비단 실을 뽑고 있었다. 빙하 물이 탄생하는 엄숙하고 장엄한 광경이었다.

눈과 빙하가 녹은 물이 알프스 융프라우 고봉에서 긴 여정을 준비하고 있었다. 그 어느 곳에서도 오염되지 않을 빙하수. 계곡과 강, 그리고 호수로 흘러가는 즐거운 물의 여행. 스위스 사람들은 알프스의 물을 그대로 보존 관리할 수 있는 최고의 기술과 집념을 갖고 있다. 옛날 통치자의 첫째 덕목은 물을 다스려 홍수를 막는 치수 능력이었다. 지금은 다르다. 수질을 어떻게 잘 관리하느냐에 있다. 빙하수 통치자는 추앙을 받을 것이요, 녹조수 통치자는 비난을 면치 못할 것이다. 스위스는 세계 최고의 물 관리 국가라 해도 지나침이 없을 것이다. 이런 자격을 갖춘 스위스를 달리 표현하자면 '수위수'(首爲水)라고 할 만하다. 어설프게 지어낸 어구인데, 이것은 '물을 다스리는 데 있어서 으뜸인 나라'라는 뜻이다. 그러므로 스위스를 '수위수'라 불러도 어색하지 않을 듯싶다.

물은 지구의 피다. 인간은 날마다 지구의 피를 조금씩 얻어 마신다. 그러니 지구의 피는 곧 생명수라고 할 수 있다. 생존에 꼭 필요한 물을 깨끗하게 관리해야 함은 아무리 강조해도 지나침이 없다. 이것은 외면할 수 없는 시대정신이다. 스위스가 영세 중립국이 된 배경은, 아마도 외부의 침략과 지배를 벗어나 빼어난 자연환경을 안정적으로 보호하고 보전하려는 의지가 간절하게 작용했기 때문이 아닐까 싶다. 이런 생각이 융프라우 관광을 마치고 돌아오는 내내 의식의 호수에서 잔잔하게 일렁거렸다.

스위스 취리히

36. 퇴근 시간을 미룬 취리히 헌책방 주인

소나기 한바탕 긋고 난 취리히의 저녁, 비를 피했던 사람들이 다시 거리와 골목으로 나와 걷기 시작했다. 사람들의 모습을 보니 고풍스런 건물들처럼 차분하고 여유로웠다. 바쁘게 쫓기며 살아가는 사람들이 아닌, 삶 속에서 무언가를 발견하려고 응시하는 도시의 철학자들처럼 보였다. 취리히 저녁 길거리에는 이런 사람들과 도시의 오랜 전통이 함께 숨 쉬고 있었다.

저녁을 먹기 위해 가족들과 함께 골목으로 들어섰다. 아직은 시간이 이른 듯 식당 안을 들여다보니 그리 붐비지 않았다. 다른 곳을 보니 음식점 바깥 식탁에 사람들이 삼삼오오 둘러앉아

▲ 사람들의 발걸음이 느린 취리히 골목

맥주를 마시며 담소를 나누고 있었다. 어느 정치인이 말한 '저녁이 있는 삶'을 이곳 취리히 골목에서 목격한 것이다. 이들은 화자의 말을 진지하게 끝까지 들어 주는 친구나 이웃 사람처럼 보였다.

조카들이 먹을 만한 음식을 찾기 위해 앞장서 걸었다. 나머지 일행은 그 뒤를 따라 걸었다. 걸음걸이가 가벼워 보였다. 여행의 끝자락에서 볼 수 있는 여유로움이었다. 며칠 더 머물며 구경을 했으면 하는 생각이 들기도 했다. 그러나 여행은 늘 아쉬움으로 끝나는 법.

그렇게 골목 중간쯤을 걷고 있을 무렵이었다. 나의 눈길이 한곳으로 들러붙었다. 이내 발걸음이 멈춰졌다. 헌책방 앞이었다. 선발대인 조카들 눈에도, 그 뒤를 뒤따르던 일행의 눈에도 띄지 않았던 헌책방이 내 눈에 여지없이 포착된 것이다. 참새가 방앗간을 그냥 지나갈 수 없듯, 나는 헌책방을 그냥 지나칠 수 없었다.

헌책방 앞에서 불현듯 이런 생각이 스쳤다. 19세기 이후 프랑스와 같은 강탈의 경우든 정상적인 문화 교류 차원에서든 우리 문화재가 나라 밖으로 상당수 흘러나갔는데 그중 일부가 돌고 돌아 스위스로 반입되었다면 이 헌책방에 있지 않을까 하는 생각이 말이다. 그럴 가능성을 완전히 배제하였다면 나의 발걸음은 헌책방 앞에서 멈추지 않았을 것이다.

실낱같은 희망을 갖고 아들을 독일어 통역 인질로 삼아 헌책방 안으로 들어섰다. 이곳에 한글로 된 책이 있냐고 주인에게 물어보라고 했다. 주인은 그런 책은 없다고 했다. 책방 안으로 들어오기 전 부풀었던 기대감이 순식간에 부서졌지만 크게 실망하지 않았다. 아들이 나가겠다고 하자 책을 구경해도 되냐고 통역을 시켰다. 그랬더니 주인은 문 닫을 시간이 되었지만 구경해도 괜찮다고 했다.

유럽에서, 그것도 독일어를 사용하는 스위스 취리히에서 한글로 된 문헌을 기대하고 헌책방에 들른 것은 확률 낮은 복권을 사는 일과 같았다. 나의 행동은 어쩌면 복권 당첨 확률보다 더 낮았을지도 모른다. 무모한 생각이었을지도 모른다. 스위스 헌책방에서 한글로 쓰여진 헌책을 기대한 것 자체가 연목구어처럼 불가능한 일이었을지도 모른다.

중년 남자가 운영하는 헌책방은 중세 유럽의 고전적 실내 분위기를 자아냈다. 진한 갈색 바탕의 책꽂이에 고서들이 가지런히 꽂혀 있었다. 11단 책꽂이에 진열된 책 모두가 전통적인 유럽식 양장본이었다. 책방 바닥은 연한 갈색 나무 바닥재로 장식되어 있었다. 바닥과 책꽂이, 그리고 헌책들이 고풍스럽게 조화를 이루었다. 이것만이 아니었다. 손 닿지 않는 곳에 있는 책을 볼 수 있도록 사다리를 마련해 놓았는데 철제 사다리가 아닌 목조 사다리였다. 마룻바닥 색과 비슷한 연한 갈색을 띠고 있는 사다리는 5단 층계에 안전을 고려해 계단과 꼭대기 발판에 난간을 설치했다. 사다리의 안전성과 예술성으로 보아 주인은 아마도 이것을 특별 주문 제작한 것으로 보였다. 주인은, 책을 팔기 위해 헌책방을 운영하는 것이 아니라 소장한 책을 사람들에게 마음껏 보여 주기 위해 공간을 마련한 것 같았다. 그는 나의 책 구경을 방해하지 않으려는 듯 창가에 앉아 낯선 여행객의 책 구경을 물끄러미 바라보고 있었다.

▲ 고서의 향기가 은은하게 배어나는 헌책방 내부

내가 여행을 와서도 헌책방에 들렀던 근본적인 이유가 있다. 세월의 먼지를 뒤집어쓴, 시큼한 냄새가 나는 헌책을 좋아할 만한 이유가 분명히 있다. 헌책은 한 시대 뜨거운 생각을 담은 종이 기록물이기 때문이다. 헌책 속의 생각은 당대 최고의 정신 흔적이다. 따라서 낡은 것은 책 재질뿐이지 여기에 담겨 있는 생각은 결코 낡지 않았다. 한 사람의 생각, 사상 따위가 오랜 세월에 걸쳐 갈피 속에서 활자로 숙성된 것이다. 이것은 인류의 지식과 사상의 뿌리가 되었다. 헌책 속의 생각을 헌 생각, 낡은 생각이라고 여기는 것은 자신의 생각이 그만큼 낡아 있음을 보여 주는 것이다.

훈민정음을 창제하고 제자 원리와 운용법 등을 자세히 풀이한 책을 만들었는데 이것이 바로 《훈민정음 해례본》이다. 이 문헌의 가치는 결코 돈으로 환산할 수 없다. 우리 민족의 문자 자주독립선언서이며 초일류 문화유산인 훈민정음 해례본을 헌책으로 여기는 사람은 하나도 없을 것이다. 세종의 뛰어난 문자 창제 능력을 세계에 자랑할 수 있는 매우 소중한 책이다. 이렇듯 헌책이란 종이의 낡음만을 규정하는 이름이어야 하며 책 속의 생각은 낡음의 대상에서 마땅히 제외해야 한다.

외국 헌책방 나들이는 이번이 처음이 아니었다. 10여 년 전 중국에서 한국어를 강의하고 있을 때였다. 10월 국경절 연휴로 베이징에 갔었는데 그때도 고서점에 들러 헌책을 구입했던 적이 있었다. 그들의 일을 한글로 인쇄한 책이었는데, 한자를 일방적으로 수용했었던 과거의 문화 역사를 돌이켜보면 중국 수도에서 상봉한 한글 책은 무엇보다도 값진 여행 기념물이 되었다.

시간이 좀 흘렀다. 주인의 얼굴을 보았다. 책 구경을 허락했던 처음 표정과 지금 표정이 그대로였다. 한글 책하고는 인연이 없었지만 이왕 들어온 김에 더 살펴보기로 하고 조심스레 책을 펼쳐 보았다. 독일어로 된 책이라서 내용은 알 수 없었지만 금속활자로 정갈하게 인쇄된 문장이 지면마다 이랑을 이루며 흐트러짐 없이 나열돼 있었다. 책들은 먼 옛날 저자의 생각 골격을 삼엽충 화석처럼 고스란히 보존하고 있었다. 새 책에서는 볼 수 없거나 기대할 수 없는 생각의 지문이었다.

분명했다, 헌책방 주인은 생각의 지문을 오래도록 간수하기 위해 남다른 사명감을 가지고 있음이. 그러기에 퇴근을 미룬 채 동양의 이 방인에게 고서 박물관 입장을 허용했던 것이리라. 헌 생각, 낡은 생각이 아닌, 한 시대 생각의 열정을 녹여 만든 책들을 모아 안식처를 마련한 주인의 남다른 생각이 저녁노을처럼 아름다웠다. 금전적 영리보다는 인간 정신의 영속적 가치를 우선하는 주인이 마냥 존경스러웠다.

왜 안 오냐는 가족들의 문자가 빗발쳤다. 나는 고서 박물관장에게 고맙다며 정중히 인사를 하고 문을 나섰다. 헌책의 의미를 다시 한 번 되새김질할 수 있었던 값진 시간이었다.

37. 스위스 창의력의 전당, 융프라우역

사람마다 새로운 생각을 할 수 있는 능력을 가지고 있다. 그것도 남들이 미처 생각해 내지 못한 특별한 능력을 말이다. 이것을 다른 말로 창의력, 또는 독창력이라고 한다. 누구도 생각하지 못했던 것을 만들어 내는 일은 신나는 일이다. 인간의 존재 이유를 뒷받침하는 정신 작용이기 때문이다. 또한 자신이 능력을 발휘할 수 있는 존재이며 이러한 능력이 자신은 물론이거니와 사회에 이익과 번영을 안겨줄 수 있기 때문이다.

창의력은 누구에게나 주어진 것이기는 하나 이것을 드러내기 위해서는 부단히 노력해야 한다. 기존의 생각에 안주하지 말고 사물과 현상 등을 새롭게 볼 수 있어야 한다. 새롭게 보아야 새롭게 생각할 수 있다. 이러한 사고 행위를 귀찮게 여기면 창의력은 기대할 수 없다. 생각하는 일에 돈이 들지 않는다. 그러나 돈이 들지 않는 일이라고 해서 생각을 소홀히 해서는 안 된다.

몸은 늙는다. 자신도 모르는 사이에 늙어간다. 신진대사가 아무리 잘 이루어진다고 해도 생로병사의 한 과정인 늙음은 피할 수 없다. 이와는 달리 생각은 늙지 않는다. 그런데 생각 세포를 늙지 않게 하려면 생각을 멈추지 말아야 한다. 꾸준히 생각을 단련해야 한다. 참신한 생각, 독창적인 생각은 저절로 이루어지지 않는다.

100여 년 전, 열차를 융프라우 산봉우리로 끌어올린 사람이 있었다. 아돌프 구에르 첼러 Adolf Guyer Zeller, 1839~1899. 스위스 산업계의 거인이었던 그는 알프스를 산책하다가 이와 같은 원대한 구상을 하였다. 사무실에 앉아서 떠올린 것이 아니라 알프스 산을 여행하다가 일머리를 생각한 것이다. 이곳을 오른 사람들이 수없이 많았지만 구에르 첼

▲ 관광객들을 빙하 설산으로 실어나르는 산악 열차

스위스 취리히

러처럼 독창적인 생각을 한 사람은 없었다. 그래서일까? 누구나 산악 열차를 이용하여 3,000m 이상 되는 험준한 산을 힘들이지 않고 오를 수 있도록 한 그의 생각이 만년설처럼 빛나고 있다. 한 사람의 새로운 생각이 세상 사람들을 즐겁고 행복하게 해 준다는 점에서 그의 모험 정신은 기려야 할 큰 가치를 지녔다고 할 수 있다.

구에르 첼러의 '대담한 구상'이 알려지자 지역 사람들은 산악 철도가 관광 자원이 될 것이라며 그의 계획을 전폭적으로 지지했다. 그리하여 1893년에 사업을 설계하고 스위스 연방회의에 사업을 신청하여 이듬해에 사업 승인을 받았다. 최고의 경관을 지닌 산을 뚫어 철도를 건설하는 일인 만큼 정부에서는 오늘날 환경 영향 평가와 같은 중요 사전 평가를 매우 엄격하게 실시했을 것으로 보인다. 아무리 획기적 사업이라 해도 자연을 망가뜨려 흉터를 만들어서는 안 되는 일이었기에 그의 '대담한 구상'을 철저하게 평가하고 검토했을 것이다.

1896년, 드디어 첫 삽을 떴다. 그런데 큰일을 실행하는 일은 결코 녹록하지 않았다. 당시의 기술로 알프스 수직 암벽을 뚫는 일은 무모한 일이었을지도 모른다. 아니, 불가능한 일이었을지도 모른다. 평지에 철도를 부설하는 일도 어려운 일이거늘, 설산 암벽을 자빠질 듯한 급경사로 뚫어 열차가 다닐 수 있게 하는 일은 실패 확률이 높은 공사였을지도 모른다.

중국 고사성어에 '우공이산'이라는 말이 있다. 우공이라는 사람이

산을 옮긴다는 뜻이다. 그런데 산을 옮기는 것은 어찌 보면 어리석은 일이며 남에게 손가락질받을 일이다. 우공이산은, 이처럼 세상의 비난에도 흔들리지 않고 할 수 있다는 의지만 있으면 무슨 일이라도 이루어낼 수 있음을 비유적으로 표현한 말이다.

중국에 우공이산 전설이 있다면 스위스엔 '우공천산' 전설이 있다. 우공이 산을 뚫었다는 이야기다. 스위스의 우공은 바로 구에르 첼러였다. 그가 융프라우 산을 뚫은 것이다. 안타깝게도 그는 공사가 끝나기도 전에 세상을 떠나고 말았다. 그러자 우공이 하지 못한 일을 후손이 계속 진행한 것처럼, 구에르 첼러의 후손이 나서서 공사를 이어나갔다. 그러나 재정난으로 공사가 중단되기도 하고, 화약 폭발로 희생자가 발생하기도 했다. 그런 우여곡절 끝에 마침내 1912년, 공사를 시작한 지 16년 만에 전 구간을 완전 개통하였다. 우공천산의 신념이 산악 열차를 3,454m 융프라우 정상까지 오르게 한 것이다. 세계에서 가장 높은 곳에 역이 탄생한 것이다.

우공천산의 기적이 있었기에 스위스는 오늘날 관광 강국이 될 수 있었다. 자연 훼손을 최소화하면서 빼어난 융프라우 경관을 누구나 편하게 볼 수 있도록 톱니바퀴 산악 열차를 만들어 운행케 한 것인데, 이것은 스위스 사람들만의 혜택이 아니었다. 전 세계 관광객들이 열차를 타고 융프라우 꼭대기까지 올라 천혜의 비경을 감상할 수 있게 되었으니 구에르 첼러의 야망은 세계인 가슴속에 영원히 살아 숨 쉴 것이다.

비 오는 날씨에도 융프라우 정상에 오를 수 있었던 것은 구에르 첼러의 창의력 덕분이었다. 산악 열차가 없었다면 비구름에 가려 아무것도 보이지 않는 평지 역 주변 산자락만 바라보다가 돌아왔을지도 모른다. 비가 내려도 정상까지 기어오르는 산악 열차가 있었기에 안심하고 융프라우를 등반할 수 있었으니 여간 고마운 일이 아니었다. 우리는 창의력의 기적을 경험했다. 걸어서는 도저히 오를 수 없는 만년설 빙하 계곡을 꿈속에서처럼 등정한 것이다. 이런 일은 그냥 찾아오지 않는다. 융프라우의 기적은 남과 다른 생각을 가졌던 구에르 첼러의 멋진 착상에서 비롯한 것이다.

기적은 남과 다른 생각에서 나온다. 남과 같은 생각은 세상의 관심을 끌지 못한다. 나의 생각이 주변 사람들과 다르고 더 많은 사람들과 다를수록 그 가치는 돋보인다. 앞에서도 말했거니와 생각하는 일에 돈이 들지 않는다. 언제 어디서나 생각을 마음껏 펼칠 수 있어야 한다.

우리가 탄 산악 열차는 몸마디가 선명한 빨간색 철룡이었다. 알프스 고산 지역에서만 서식하는 철의 용. 톱니가 생선 가시처럼 촘촘히 돋힌 철룡은 흰 구름이 피어오르는 융프라우 절경을 보여 주려 힘차게 승천하고 있었다. 천상 열차에서는 이성은 작동하지 않고 감성만 작동한다. 융프라우 비경에 멀미를 한 다국적 관광객들은 최고급 감탄사를 줄줄이 창밖으로 토해냈다.

비경 감탄이 끝나던 무렵, 드디어 세상에서 가장 높은 하늘 역에 도착했다. 더 이상 오를 수 없는 곳, 이곳에 '융프라우 철도의 창시자' 구에르 첼러의 동상이 불상처럼 모셔져 있었다. 얼굴에 압축된 그의 신념이 암석처럼 단단해 보였다. 그의 빛나는 창의력을 숭배하는 관광객들은 걸음을 멈추고 경건하게 고마움을 기렸다. 산악 열차를 융프라우로 끌어올린 구에르 첼러, 환상의 '유럽 지붕'으로 나를 초대해 준

▲ 융프라우역에 서 있는
아돌프 구에르 첼러 동상

구에르 첼러, 그의 정신이 촛불처럼 타오르는 융프라우역은 스위스 창의력의 전당이다.

38. 융프라우의 빨간 버팔로, 톱니바퀴 산악 열차

비가 올 것이라는 날씨 예보를 숙지하고 출발했지만 이 정도는 아닐 것으로 생각했다. 인터라켄 동역에 도착하니 빗줄기가 거세졌다. 비가 오는데 해발 고도 3,454m인 융프라우역까지 오를 수 있을까? '유럽의 지붕'으로 일컫는 융프라우는 우리에게 등정을 허락할 것인가? 가다가 돌아와야 하는 것은 아닐까? 걱정의 빗줄기가 걸음을 망설이게 했다. 일행들 표정이 먹구름처럼 어두워졌다.

융프라우에 오르기 위해서는 산악 열차를 타야 했다. 비가 내리는 상황이었지만 융프라우 관광은 날씨보다는 산악 열차 운행 여부에 달려 있었다. 승강장 쪽을 보니 아들이 어릴 적 갖고 놀았던 장난감 기차 같은 깜찍한 산악 열차가 문을 열고 관광객들을 기다리고 있었다. 탑승을 허용한다는 것은 정상적으로 운행할 것이라는 암시나 다름없었다. 승객들은 열차에 분산하여 자리에 앉았다. 별다른 안내 방송이 없는 것으로 보아 가기는 갈 것 같았다.

열차 유리창에 난해한 빗물 상형문자들이 흘러내렸다. 언제 움직일까? 이 작은 열차는 과연 우리를 저 높은 빙하의 세계로 실어 나를 수 있을까? 생각이 앞질러 나간 그때였다. 문을 닫은 산악 열차는 서서히 쇠바퀴를 굴려 앞으로 나가기 시작했다. 승객들의 짧은 탄성이 객실에 퍼졌다. 좌우 바퀴의 폭이 좁은 열차는 성능을 뽐내려는 듯 본격적으로 산을 오르기 시작했다.

▲ 인터라켄 동역에서
출발을 기다리는 산악 열차

산악 열차의 성능은 가파른 경사지에서 판가름 나는 법. 어떠한 경사에서도 안전하게 오를 수 있어야 한다. 성능 시험은 출발한 지 얼마 안 되어 이루어졌다. 승객들의 등이 이미 의자 등받이로 젖혀졌다. 아찔한 경사 구간을 통과할 때마다 한편으로는 겁이 나기도 하고 한편으로는 짜릿한 쾌감이 들기도 했다.

산의 고도가 높아지고 경사가 점점 더 심해지는데도 산악 열차는 숨도 고르지 않고 오르기에 전념했다. 다행히도 빗발이 잦아들었다. 운무 사이로 알프스의 위용이 드러나기 시작했다. 고도가 높아질수록

스위스 취리히

몸의 하중은 등받이를 더욱 압박했다. 조금 더 오르자 최고 높이를 향해 가속하는 놀이동산 청룡열차의 아찔한 경사도와 맞먹을 정도의 구간이 나타났다. 이러다 혹시 열차가 뒤로 밀리는 것은 아닐까? 승객들 모두 내려 걸어서 올라가야 하는 것은 아닐까? 방정맞은 생각들이 겹겹이 스쳤다.

그러나 이런 생각은 기우에 지나지 않았다. 운행한 지 100년이 지나도록 안전사고는 거의 일어나지 않았으니 말이다. 우리를 하늘 궁전으로 안전하게 데려다 줄 산악 열차는, 등에 소금 자루를 잔뜩 짊어진 채 티베트 차마고도를 기어오르는 당나귀처럼 힘든 기색 하나 없이

▲ 구름이 걷히는 융프라우 산간 마을

묵묵히 산을 올랐다. 어느덧 해발 2,000m에 가까워지고 있었다. 경사 멀미를 할 정도로 어질하였다. 입대 후 후반기 훈련을 받기 위해 강원도 어느 사단으로 가는 길, 그 아찔한 고갯길을 오를 때의 경사보다 훨씬 더 가팔랐다. 융프라우는 구름에 가려진 비경을 하나씩 꺼내 멀미 보상을 해 주었다.

산악 열차는 환승역에서 관광객들을 내려놓았다. 간절한 바람이 통했는지 비가 멈추고 구름이 걷히기 시작했다. 여기부터 융프라우 종착역까지는 다른 산악 열차가 안전하게 데려다 줄 것이다. 빙하와 만년설로 뒤덮인 융프라우 정상이 손에 잡힐 듯 가깝게 보인다. 머리를 뒤로 젖혀야 볼 수 있는 곳, 융프라우 고봉!

▲ 융프라우 환승역에 정차한 산악 열차

산악 열차는 어떻게 저리도 높은 곳으로 사람들을 올려놓을 수 있을까? 답은 간단하다. 톱니바퀴로 구동되기 때문이다. 산악 열차의 구동 방식은 평지를 달리는 열차와 다르다. 일반 열차는 선로 위 쇠바퀴

스위스 취리히

를 굴려 움직이지만 산악 열차는 열차 하부에 동력을 전달하는 톱니바퀴가 선로 가운데에 따로 설치된 톱니 강철재와 맞물려 움직인다. 이러한 구동 방식은, 금속이나 플라스틱으로 된 톱니를 서로 맞물려 열고 닫게 하는 지퍼의 기능과 비슷하다. 선로 좌우의 쇠바퀴는 구동력은 없으며 열차의 하중을 분산하며 균형을 잡는 기능만 있다. 톱니바퀴 산악 열차는 속도는 느리지만 강한 등판력과 제동력을 갖고 있어 승객들을 안전하게 융프라우까지 운송할 수 있는 것이다.

이러한 특수 구동 장치로 거침없이 산을 오르는 산악 열차를 보니 거대한 몸집을 가진 야생 들소 버팔로가 앞발굽으로 땅을 박차고 돌진하는 것과 비슷했다. 열차가 빨간색이니 '빨간 버팔로'라고 이름을 붙여도 좋을 듯싶다. 다부진 체구를 가진 빨간 버팔로인 스위스 산악 열차는 차박차박 경쾌한 톱니바퀴 맞물림 소리를 내며 융프라우 정상을 향해 힘차게 발굽을 내딛었다. 빨간 버팔로는 마치 암벽 등산가와 같았다. 암벽을 기어오르는 등산가가 밧줄에 몸을 묶어 안전하게 산을 오르듯, 산악 열차는 톱니바퀴를 톱니 선로에 단단하게 부착하여 바위산을 오르고 있으니 말이다. 이런 장치에 의심을 쏟아붓는 것은 관광의 의미를 여지없이 추락시키는 꼴이 되고 만다. 그러니 믿음직스러운 장치에 한없이 감사하며 짜릿한 산악 여행을 한껏 누리면 된다.

열차가 방목장을 통과하고 있었다. 만년설을 배경으로 하는 높은 곳에 목장이 있다니! 산비탈을 일궈 만든 너른 풀밭에 소들이 싱싱한 풀을 뜯고 있었다. 놋쇠 주발처럼 큰 워낭을 목에 단 소들이 청아한 알프스 풍경소리를 들려주었다. 소들은 여름 내내 실컷 풀을 뜯어 먹고 가을이 되면 마을로 내려갈 것이다. 배부른 소들은 풀밭에 배를 깔고 눈 아래 펼쳐진 여름 경관을 한가로이 되새김질하고 있었다. 세상에서 가장 행복한 알프스 소들의 낙원.

▲ 이리저리 자유롭게 풀을 뜯는 소들

얼마쯤 더 올랐을까. 절벽 아래로 굴이 나타났다. 굴의 길이가 7km에 달하는 이 구간은 경사의 절정이었다. 몸이 뒤로 완전히 젖혀져 등받이가 휘어질 정도였다. 빨간 버팔로는 마지막 힘을 쏟아부었다. 굴속은 융프라우 공사 기록 영화관 같았다. 암벽을 보니 공사할 때 사용했던 착암기 흔적이 지금 막 작업을 끝낸 듯 선명하게 남아 있었다. 100년 전, 단단한 바위산을 강인한 인간의 의지로 뚫어 정상까지 오를

수 있게 한 것이다. 갱부들의 가
쁜 숨소리가 바위 벽면에 그을음
처럼 들러붙어 있었다.

▲ 융프라우역

그들의 한 세기 전 가쁜 숨
소리가 촛불처럼 가물거릴 때였
다. 빨간 버팔로는 마침내 열차
로 오를 수 있는 가장 높은 곳,
해발 3,454m의 철도역인 융프
라우 정상에 우뚝 섰다. 쇠 발굽
으로 뚜벅뚜벅 알프스 융프라우
역에 오른 빨간 버팔로, 스위스
산악 열차. 최고봉에 오른 버팔로는 승객들의 환호성 꽃다발을 받으며
쇠 발굽 열기를 식혔다.

39. 빙하 계곡에 잠든 내 우산

8월 7일 오후, 빨간 버팔로 산악 열차로 해발 3,454m 융프라우 종착역에 도착했다. 지독한 등정 신고식, 두통과 호흡곤란을 특징으로 하는 고산증을 겨우 털어내고 승강기로 수직 상승하여 스핑스 테라스 전망대에 올랐다. 해발 고도 3,571m. 다행히 비는 내리지 않고 바람이 불면서 구름이 걷히고 있었다. 초겨울 같은 날씨였지만 사방 모두 탁 트여 전망이 좋았다. 계절이 여름에서 바로 겨울로 바뀐 곳에서 두꺼운 옷을 입은 여행객들은 사진 찍기에 바빴다. 주위의 산봉우리는 온통 눈으로 덮여 있었고 그 아래 계곡은 빙하로 덮여 있었다.

비구름을 말끔히 걷어치운 설봉들은 최고의 경치 선물을 안겨 주었다. 전망대 북쪽 정상을 보니 거인 얼굴 모습을 띤 산봉우리가 위용을 뽐내고 있었다. 아무래도 범상치 않아 사진을 찍고 나서 알아보니 그 유명한 융프라우 아이거Eiger였다. 아이거 북벽 아래 저 멀리 낮게 웅크린 산들을 보니 어느새 고산증이 사라졌다. 전망대에서 머물 수 있는 시간이 제한되어 우리는 사람들 사이를 비집고 들어가 자리를 잡고 사진을 찍었다.

▲ 모아이 석상을 연상케 하는 아이거의 위용

전망대는 좁은 바위 능선 위에 철제 구조물로 만들어졌다. 바닥은 눈과 빗물이 빠져나갈 수 있게 배수구 덮개 모양의 발판을 깔았는데 발아래 쪽을 내려다보니 아찔한 낭떠러지였다. 난간은 어깨 높이의 철망을 설치해 안전해 보였다. 정상에 오른 것을 기념하기 위한 각종 끈과 손수건, 목도리, 포장 끈, 혁대 등이 난간 철망에 단단히 묶여 있었다. 제법 큰 자물쇠도 걸려 있었다. 오를 수 있는 가장 높은 곳에서 서로 마음을 모아 굳은 약속을 한 다음 그 증표로 자물쇠를 걸어놓은 것으로 보였다.

그런데 그 높은 곳에서 우리를 반갑게 맞이한 터줏대감이 있었다. 다름 아닌 까마귀들이었다. 까마귀들은 난간대와 난간 기둥들을 연결한 줄에 앉아 관광객들과 함께 공짜로 사진을 찍었다. 그런데 이 높은 곳에 웬 까마귀들일까? 앉아 있는 모습을 가만히 보니 몸집은 일반 까마귀보다 작고 비둘기와 비슷했다. 문제는 몸 색깔. 지상의 까마귀는 부리부터 발톱까지 온통 새까만 색임에 비해 이곳 까마귀는 머리와 몸통은 일반 까마귀처럼 새까만 깃털로 덮여 있으나 연한 노란색 부리에 발목은 붉은색을 띠고 있었다. 깜찍하고 귀여웠다. 그래서일까, 흉조라는 편견이 사라졌다. 이 새들은 원래부터 이곳에서 서식하고 있었던 것인지 아니면 지상의 까마귀가 이곳으로 올라와 고산 환경에 적응하여 진화한 것인지는 알 수 없었다. 새들은 본래의 먹이 활동을 포기

▲ 융프라우 빙하가 만든 곡선 추상화

하고 관광객들에게 의존하려는 듯 계속 애틋한 눈길로 바라보고 있었다. 그러더니 과자와 땅콩 등 먹을거리를 어서 진상하라는 당돌한 표정을 지었다.

융프라우 설경과 빙하를 감상하고 사진에 담느라 개인 촬영 시간이 좀 길어졌다. 언제 또 올까 하는 아쉬움에 계속 사진을 찍었다. 여행의 일차적 증거물이자 추억 반추용 수단인 사진을 남기느라 좁은 전망대를 이리저리 옮겨 다녔다.

어느덧 촬영 종결 시간이 임박했다. 나는 빙하 계곡을 배경으로 작품으로 남길 만한 사진을 찍기 위해 난간으로 몸을 붙였다. 왼손에는 우산 손잡이 끈을 쥐고 오른손에는 휴대 전화기를 들고 있었다. 좋은

▲ 융프라우 급경사 계곡의 빙하

배경을 확보하고 난간 쪽으로 한 발짝 더 옮겼다. 이때다 하고 사진을 찍으려던 그 순간, 왼손에 쥐고 있던 우산을 그만 놓치고 말았다. 접어서 단추까지 잠가 놓았던 우산은 바닥과 난간 경계의 공간으로 툭 떨어졌다. 그 틈은 가로로 6~7cm 정도가 되었다. 그런데 그 공간과 비슷한 폭을 지닌 우산이 하필이면 가로로 떨어졌다. 잠깐 멈칫하던 우산은 욕조 배수구로 힘차게 물이 빨리듯 바닥 아래로 쏙 들어갔다. 높은 산 중력 작용에 덜미가 잡힌 우산은 이내 바위 절벽 아래로 떨어지기 시작했다. 순식간에 벌어진 일이라 어찌 손 쓸 겨를도 없었다.

"어, 어, 어!" 옆에 있던 사람들이 떨어지는 우산을 보며 내 대신 비명을 질러 주었다. 나의 분신인 우산은 특전사 고공 낙하병보다 빠른 속도로 수직 절벽으로 추락하고 있었다. 본래의 크기를 잃은 검은 물체는 계속 바위 절벽 아래로 떨어지고 있었다. 한참을 떨어지다 날카로운 바위 모서리에 부딪치더니 다시 아래로 튕겨 나갔다. 강하하던 검은 물체는 빙하 위로 미끄러져 내려가다 힘을 잃고 멈추었다. 크고 작은 낙석들 사이에서 움직임이 끝났다. 나와 검은 물체 사이의 아득한 거리, 도저히 좁힐 수 없는 절망적 거리였다. 그렇게 나는 우산과 멀어졌다.

다시 만날 기약이 없는 바위 절벽 저 아래로 떨어진 우산을 그냥 바라만 볼 수밖에 없는 현실이 안타까울 뿐이었다. 아들과 아내, 가족

스위스 취리히

들이 나의 경솔한 행동을 보고 질책을 했으나 귀에 들어오지 않았다. 나의 모든 신경망은 아득한 빙하 계곡 아래로 뻗쳐 있었기 때문에. 나는 휴대전화기를 들어 우산이 있는 곳을 찍어 바로 확대를 해 보았다. 빙하가 시작되는 곳의 눈 위에 낙석 덩어리 옆에 누워 있었다. 오직 사진만이 우산 추락을 입증할 수 있는 증거가 되리라.

▲ 우산이 떨어진 바위 절벽

그 우산은 산 지 오래된 우산이었다. 아들이 고등학교에 들어가던 해 우산 두 개를 샀는데 3단 접이식으로 튼튼하고 휴대가 편리했다. 하나는 아들이 쓰고, 하나는 내가 쓰려고 산 것이다. 우산은 나의 든든한 동반자였다. 비 오는 날이면 나는 꼭 우산을 챙겨 외출했다. 우산 방수포의 빗방울은 토란 잎에 물방울 구르듯 투명하게 흘러내렸다.

우산대와 우산살도 튼튼하여 바람에 꺾이거나 뒤집힌 적이 한 번도 없었다. 내구성이 뛰어난 우산이 믿음직스러웠다. 손잡이에 익숙하여 다른 우산을 거의 잡지 않았다.

이러한 신뢰감으로 우산은 유럽 여행 준비물 1호로 선정되었다. 여행 현지에서 우산을 사면 출발 때 가방 무게를 줄일 수 있다. 그러나 그런 꼼수는 부리지 않았다. 여행 동행자로 예우하고 다른 것에 우선하여 우산을 챙겼다. 나를 위해 헌신한 우산과 함께 여행을 떠나면 왠지 기분이 좋을 것만 같은 확신이 들었기 때문이다.

▲ 내 손에 쥐어져 있었던 우산

이제 나와 우산은 가혹한 절망의 거리 사이에 놓여 있다. 빙하 계곡으로 내려가 우산을 가져올 수도 없다. 지금 이 순간 우산과 가장 가까운 거리다. 그것도 잠시뿐이다. 나는 우산을 놔둔 채 하산을 해야 한다. 우산과 나 사이에는 빠르게 멀어지는 일만 남아 있다. 온 길을 뒤돌아 가야 하기 때문이다. 우산은 움직이지 않고, 나는 기차와 비행기로 떠나야 하니 말이다. 내 손의 체온이 싸늘하게 식은 우산은 차디찬 알프스 융프라우 빙하 계곡에서 영면할 것이다. 산악 열차를 타러 지하역으로 내려갈 시간이 되었다. 차마 발길이 떨어지지 않았다. 무슨 일 잘못 저지른 죄인 같은 심정이었다. 히말라야 최고봉을 등정하다 눈사태를 만나 동료 대원을 잃고 혼자서 귀국하는 등반대장의 비통한 심정과 같았다. 아무리 후회를 해도 소용이 없다. 내 우산은 저 아래 빙하에 누워 있지 않은가!

하산 열차를 탔다. 문이 닫히고 산악 열차의 톱니바퀴가 구르기 시작했다. 우산을 쥐었던 손에 힘이 풀리고 허전했다. 알프스 융프라우 고도가 뚝뚝 떨어졌다. 그럴수록 우산의 생각 고도는 가파르게 상승했다. 두고 온 내 우산은 앞으로 어떻게 될 것인가? 스위스 당국은 융프라우 빙하 계곡을 청소할 계획이 있을까? 그러면 내 우산을 수습하여 특별 보관할까? 우산에 표기된 한글을 근거로 수소문해 나에게 돌려줄까? 수십만 년 뒤 빙하가 더욱 몸집을 불려 중력 작용으로 계곡 끝까지 밀려가 후세 사람들에게 발견된다면 과거 인류의 문자 흔적을 알아볼 수 있는 결정적인 근거가 되었다며 지구적인 축제로 만들 것일까?

열차가 그린델발트역에 도착했다. 아이거 북벽이 다시 구름으로 덮였다. 내 우산이 있는 곳을 가늠할 수 없었다. 취리히로 돌아가는 기차가 도착했다. 차마 떨어지지 않는 발걸음, 융프라우 봉우리로 다시 한번 눈길을 돌렸다. 기차가 서서히 선로 위로 미끄러지더니 속도를 높이기 시작했다. 훨씬 더 빠른 속도로 융프라우와 멀어졌다. 창밖을 내다보았다. 우산의 환영이 저만치 뒤에서 헐떡거리며 뛰어오고 있었다. 나의 분신 나의 우산이여, 융프라우 빙하 계곡에서 잘 있어다오, 부디!

40. 융프라우에서 아내의 목숨을 구하다

융프라우에서 겨울 관광을 마치고 하산 열차를 탔다. 한여름에 올라와 한겨울 경치를 구경했으니 가성비 짭짤한 경험이었다. 설산 거인 아이거와 빙하 계곡, 그리고 전망대의 귀여운 까마귀들의 여운이 강하게 남아 하산 발길을 막았다. 이들보다 발걸음을 무겁게 한 것은 내

▲ 융프라우의 노랑부리까마귀

우산과의 이별이었다. 차디찬 빙하 눈 속에 우산을 생매장하고 떠나는 죄책감이 발목을 잡았다.

그러나 떠나야 할 길, 떠나야 할 시간. 승객들을 태운 빨간 버팔로는 얼음판을 지치는 썰매처럼 가볍게 톱니바퀴를 굴렸다. 내려가기란 오르기보다도 쉬운 일, 열차는 바위 굴속을 승강기처럼 내려갔다. 고산증 세례를 안겨 주었던 융프라우의 고도가 혈압 측정기의 눈금처럼 뚝뚝 떨어졌다. 굴을 빠져나가면 하산 경치는 얼마나 멋있고 아름다울까?

그렇게 하산할 꿈에 한껏 부풀어 있을 때였다. 갑자기 아내가 어지럽고 힘이 빠진다고 했다. 빈말인가 싶어 얼굴을 보니 빙하처럼 창백해지기 시작했다. 비상사태였다. 여행 잘하고 내려가는 길에 무슨 날벼락인가? 열차의 고도가 빠르게 떨어지는 것과 비례하여 아내의 몸이 점점 더 축 처졌다. 삼복 땡볕에 시든 호박잎 같았다. 아내의 몸은 최악의 상황으로 치닫고 있었다.

아내는 융프라우역에 도착할 때 아무런 증세도 없었다. 나와 동서는 심하게 고산증을 겪었으나 아내는 멀쩡했다. 전망대에 올라 구경을 하며 사진을 찍을 때도 이상이 없었다. 그랬던 아내가 하산 열차에서 몸의 이상을 호소하고 있으니 참으로 난감했다. 이런 상태를 방치했다가는 최악의 불미스런 일이 일어날 것만 같았다. 아내는 평소 정상 혈압에서 조금 낮은 혈압을 보였다. 그런 저혈압성이, 저기압에서 고기압으로 바뀌는 하행 과정에서 나타난 부정적 신체 변화였을까? 아내의 손이 빙하처럼 차가워 내 손이 시릴 정도였다. 의식도 꺼져가는 촛불처럼 가물가물해지고 있었다.

즐거운 여행길에 왜 이런 일이 벌어지고 있는지 무척 당황스러웠다. 빠른 시간 내에 응급조치를 할 수 있는 방법은 없을까? 열차에 상비약은 있을까? 약을 먹으면 바로 진정될 수 있을까? 혹시 약효가 나타나기도 전에 아내의 상태가 급속도로 악화되는 것은 아닐까? 아내를 구할 수 있는 방법은, 하산하는 열차에서는 찾을 수 없는 것일까? 발을 동동 굴렀지만 방법은 보이지 않았다. 독일어를 하는 아들을 시켜 동승했을 수도 있는 의사를 찾아보게 할까? 생각의 실타래가 엉켜 애간장만 굴속처럼 시커멓게 타들어 갔다.

그러나 하늘이 무너져도 솟아날 구멍은 있는 법, 문제가 있으면 해답이 있는 법. 나는 문득 오래전에 배운 수지침을 떠올렸다. 이것은 손바닥과 손가락을 지압하거나 침을 놓아 그에 상응한 부위를 낫게 하는 민간 의술인데 웬만한 경우 즉효를 보인다. 그동안 이 간단한 방법으로 아내를 치료해 주었다. 머리가 어지럽거나 속이 거북할 때 손을 자극해 증상을 말끔히 해결했다. 음식을 먹고 체했을 때는 침으로 손가락 끝을 찔러 피를 뺐는데 그때마다 신통하게 나았다. 그렇게 나는 아내의 수지침 주치의가 되었다.

수지침의 즉효를 믿으며 아내의 손을 세게 눌렀다. 왼손과 오른손을 번갈아 가며 지압을 했다. 그런데 아내가 전혀 반응하지 않았다. 시간을 다투는 비상 상황에서 반응이 없다니! 그동안에 있었던 결과들은 수지침과는 전혀 관계없는 우연적 결과였단 말인가? 실망을 넘어 절망이었다. 무사히 취리히로 돌아가 내일이면 귀국해야 하는데 이런 변고가 생기다니? 무슨 극적인 방법이 영감처럼, 아니 벼락처럼 떨어질 수는 없을까?

바로 그때였다. 맞은편에 앉아 있던 처형이 사혈 침을 건네주었다. 파란 플라스틱에 밀봉된 가느다란 침이었는데 처형이 응급 상황에 대비해서 가지고 온 것. 이것은 이미 효과가 입증되었다. 파리에서 프라하로 떠나기 전 처제가 체했을 때 사혈 침으로 손가락 끝을 찔러 낫게 했었다. 아무튼 사혈 침이 아내를 구할 마지막 수단이라 생각하고는 아내의 손가락을 사정없이 쿡쿡 찔렀다. 다급하게 찔러서였는지 손가락마다 검붉은 핏방울이 팥알처럼 맺혔다. 희망의 표면 장력으로 맺힌 핏방울은 흐르지 않고 그대로 응고될 모양이었다. 휴지를 대자마자 피가 잉크처럼 금세 번졌다.

최후의 처방을 마쳤으니 이제 남은 것은 즉효, 간절한 한 방의 즉효. 최선을 다한 수험생처럼 결과를 기다리던 그때, 아내가 반응을 했다. 그토록 바라던 놀라운 반응이 나타나기 시작했다. 융프라우의 신통한 기운을 받아서였을까? 얼굴에 혈색이 돌고 의식도 돌아오기 시작했다. 손도 빠르게 따뜻함을 회복했다. 다른 증세도 사라졌다. 아내가 기적적으로 살아난 것이다. 세상에 이런 감격이 또 어디에 있을까?

아내가 살아났다. 나는 분명히 아내의 목숨을 구했다. 1cm도 안되는 극세침으로 아내를 구했다. 융프라우의 기사회생, 융프라우의 기적이었다. 이런 방법이 아니었더라면 한 생명 스러져 가는 상황에서 아들과 함께 비극적 상황을 그저 발만 동동 구르며 맞이할 수밖에 없었을 것이다. 아내가 정상으로 돌아온 것은 천운과 행운이 극적으로 복합 작용한 것이었으리라!

산악 열차는 절망과 환희가 숨 가쁘게 교차했던 긴 굴에서 빠져나

▲ 하늘빛 물감이 진하게 고여 있는 호수

왔다. 승객들은 또 다른 하행 절경에 압도당하며 탄성을 질렀다. 의식을 되찾은 아내도 키 작은 꽃들과 산허리를 휘감아 피어오르는 흰 구름을 바라보며 감탄사를 쏟아냈다. 철길 옆 작은 호수는, 융프라우 거인 화가가 쓸 진초록 쪽빛 물감을 풀어 가득 머금고 있었다.

풀밭의 소들, 조금 전 열차에서 벌어졌던 아내의 일을 아는지 모르는지 이리저리 흩어져 한가로이 풀을 뜯고 있었다. 소들은 부지런한 융프라우 정원사, 지나간 곳마다 예초기로 풀을 벤 듯 깔끔했다. 배불리 풀을 뜯어 먹은 소들은, 하안거 묵언 수행을 하는 스님들처럼 저 멀리 펼쳐진 아래 세상을 바라보며 명상을 하고 있었다.

41. 어느 달력에서 싹튼 나의 이상향, 그린델발트

사혈 침으로 아내를 살려내서였을까? 큰 걱정 말끔히 털어 내고 융 프라우를 내려오는 동안 기쁘기 그지없었다. 여기에 융프라우가 빚어 낸 환상적 경관이 더해져 무척이나 상쾌했다. 융프라우는 위기를 슬기 롭게 극복한 나에게 짜릿한 비경을 안겨 주었다. 나는 눈 한 번 깜박거

▲ 너른 초지에서 배불리 풀을 뜯어먹은 소들

리지 않고 자연 최고의 장면들을 머릿속에 하나하나 갈무리하였다.

산악 열차는 경사가 느슨한 초원을 자벌레처럼 느리게 내려갔다. 내려갈 때 방향은 올라올 때하고는 정반대였다. 풀을 뜯던 소들은, 구경을 마치고 돌아가는 우리를 향해 머리를 들어 배웅을 했다. 융프라우 산자락 풀밭에서 털빛이 서로 다른 소들이 한데 어울려 여름 시간을 반추하는 동물의 낙원, 여기에서는 인간의 행복과 동물의 행복이 그리 잘 구별되지 않을 듯싶었다.

산의 고도가 훨씬 많이 낮아졌다. 열차는 어느덧 수목 한계선에 들어섰다. 이곳에서 수목 한계선은 건축 한계선이라고 할 수 있다. 근처 숲에서 쉽게 얻은 목재로 집을 지을 수 있으니 말이다. 아니나 다를까, 집들이 나타났다. 통나무로 지은 전통 가옥들이 띄엄띄엄 언덕 풀밭에 앉아 융프라우가 들려주는 동화 이야기를 듣고 있었다. 코르덴 바지처럼 골이 촘촘한 기와를 얹은 집, 지붕 밑엔 난로의 양식인 장작이 수북이 쌓여 있었다. 장작은 벽난로에서 노릇노릇하게 겨울 이야기를 구워낼 것이다.

울타리가 없는 산간 마을 집, 저런 집에서 하룻밤 묵을 수 있다면 얼마나 좋을까? 벽난로에서 타오르는 장작불에 온몸을 쏘이면 지친 몸 얼마나 개운해질까? 깊은 밤 작은 창문을 열고 영롱한 우주의 별빛을 본다면 영혼은 얼마나 맑고 깨끗해질 수 있을까?

산간 지역에서는 비가 동시에 멈추지 않는다. 한곳에서는 이미 비

▼ 융프라우 산간 마을의 전통 가옥

가 멈추었는데도 다른 곳에서는 여전히 내리는 경우가 있다. 열차 유리창에 빗방울이 더 이상 흐르지 않는 것으로 보아 비가 그친 것 같았다. 한쪽 산자락에서는 흑백영화 가설극장의 광목 휘장이 걷히듯 구름이 하늘로 피어오르고 있었다. 다른 쪽 아름드리 침엽수림에서는 구름 안개가 나무마다 자욱이 엉겨 쑥버무리를 찌는 것 같았다.

착륙을 앞둔 비행기가 서서히 고도를 낮추며 활주로에 접근하듯, 종착역을 향하는 산악 열차는 조심조심 톱니바퀴를 굴리며 마을로 내려갔다. 건너편 산자락 언덕 위에는 통나무집들이 영지버섯처럼 예쁘게 돋아 있었다. 담장도 없고 축대도 없고 텃밭도 없는 집, 그 대신 자

연이 허락한 최소한의 공간만을 가지고 있는 집, 풀밭이 지붕과 맞닿아 있는 집, 창문마다 화분이 걸려 있는 집, 사람이 비켜 다닐 만한 정도의 길을 가진 집, 그런 집들로 이루어진 목가적인 풍경. 마을 아래 풀밭엔 종착역 선로가 고산 지역 활주로처럼 가늘게 그어져 있었다.

기본 해발이 이미 1,000m가 넘는 마을 앞에 다시 1,000m가 훨씬 넘는 거대한 바위산 두 개가 계곡 하나를 사이에 두고 직립해 위용을 드러내고 있었다. 코끼리 귀를 닮은 듯한 웅장한 두 산봉우리에는 바위와 빙하가 어울려 범고래 형상을 만들었다. 전체적으로 보아 왼쪽 산자락 하단에는 산간 마을이, 오른쪽엔 높이를 가늠할 수 없는 거대한 바위산이 어울려 빼어난 경관 구도를 이루었다.

그런데 어찌된 일인지 그 모습이 전혀 낯설지 않았다. 눈앞에 펼쳐진 천하 절경을 보면서 묘한 기시감에 빠져들었다. 분명히 처음 와 본 곳인데 언젠가 한 번 와 본 듯한 느낌. 참으로 묘한 일이었다. 하산하는 동안 융프라우 산악 경관에 홀려서일까?

▲ 어디서 많이 본 듯한 풍경 하나. 오래 전 기억과 겹치는 순간이었다.

처음 온 이곳이 언제 와 본 것 같은 친숙한 느낌이 강하게 작용한 까닭은 도대체 무엇 때문일까? 과거의 어떤 경험이 이토록 신비한 정신 작용을 불러일으키게 한 것일까? 지금의 눈앞 장면과 기억의 완전한 겹침, 그 인연은 무엇이었을까? 세상 일, 원인 없는 결과는 없는 법. 나는 이 기이한 현상을 해석하기 위해 오랜 기억 하나를 해결 단서로 보고 추적에 나섰다.

20년은 되었을 법하다. 한 해 저물어 가는 12월 어느 날, 시내 을지로 인쇄 골목에 가서 달력을 샀다. 해마다 연말이 되면 은행이나 우체국에 가서 달력을 얻어 오거나 아니면 문방구에 가서 사곤 했었다. 그런데 달력들은 마음에 들지 않았다. 그래서 원하는 달력을, 선택의 폭이 넓은 곳에서 구하려고 을지로로 간 것이다.

  달력을 도매로 판매하는 가게에는 다양한 달력들이 빼곡하게 진열되어 있었다. 한참을 고르고 고른 끝에 마음에 드는 달력을 손에 쥐었다. 세계 명승지 사진이 월별로 실려 있는 벽걸이 달력이었다. 사진 아래에는 명승지가 속한 국가와 지명이 표기되었다. 1월부터 12월까지 달마다 서로 다른 사진이 있었는데 세계 곳곳의 절경이 달마다 눈을 즐겁게 하였다. 나는 달력을 식탁 벽에 걸어 놓고 명화 감상하듯 사진들을 음미하며 자연의 신비함에 감탄하였다. 밥을 먹을 때마다 명품 사진을 보면서 즐겁게 식사를 하였으니 사진들은 감상의 눈을 건강하게 해 준 영양제나 다름없었다.

  그런데 사진 가운데서 유독 내 마음을 사로잡았던 것이 하나 있었다. 그 사진은 6월인가 7월에 실려 있었는데, 달력 구입에 결정적 역할을 했을 정도로 꽤나 인상적이었다. 유럽 어느 산간 마을을 배경으로 한 것으로 왼쪽엔 초록빛 잔디밭에 예쁜 집들이 한가로이 흩어져 있었고, 오른쪽엔 계곡 하나를 사이로 거대한 바위산 두 개가 우뚝 솟아 있었다. 산봉우리엔 빙하가 두껍게 덮여 있었다. 바위 절벽에는 빙하

스위스 취리히

녹은 물이 폭포를 이루며 하얗게 물보라로 낙하하는, 우리나라에서는 결코 볼 수 없는 이국적 장면이었다. 사진은 나의 명승지 감상 안목을 키워 준 일등공신이었다. 비록 달력에 인쇄된 사진이었지만 한 달의 짧은 유효 기간으로 사명을 다하기에는 아까운 명작이었다.

아쉽게도 한 달의 감상 기간이 끝났다. 달이 바뀌어 다른 사진의 시간이 다가왔다. 자리를 내 주어야 했다. 사진은, 전시가 끝나 관객의 눈에서 멀어지는 작품처럼 내 눈에서 사라질 운명이었다. 아깝다는 생각이 자꾸만 들었다. 나는 사진을 달력에서 오려 내어 식탁 벽에 붙였다. 사진 가치를 고려하여 오래도록 소장할 작품으로 정했기 때문에. 사진 속 풍경은 시나브로 내 의식의 공간으로 스며들었다. 그러면서 언젠가 한번 가보고 싶다는 생각이 싹텄다. 사진 속 명승지는 그렇게 나의 이상향이 되었다.

흐릿했던 20년 기억을 헤치며 산악 열차는 종착역에 도착했다. 내린 곳은 '그린델발트 Grindelwald'. 나무가 우거진 숲이라는 뜻을 가진 산간 마을인데 빙하 마을이라고도 불리는 곳. 여행 계획에도 없었던 이곳이 꿈에 그리던 이상향이었다니! 꼭 한번 오고 싶었던 그린델발트를 이렇게 극적으로 밟게 될 줄이야! 우연은 필연의 씨앗이었나 보다. 그린델발트의 거룩한 현자는, 오래전에 분실한 나의 이상향 사진을 갱신해 주려는 듯 인자하고 온화한 얼굴 모습이 담긴 멋진 사진 한 장을 여행 선물로 건네주었다.

▼ 비가 그친 그린델발트 풍경

스위스 취리히

■ ✛ ■

42. 물건을 종이봉지에 담아 준 취리히 식품점

숙소로 돌아가던 길, 조카들의 여행 군것질 권리를 보장하려고 식품점으로 갔다. 식욕 왕성한 20대 조카들, 먹고 돌아서면 금세 허기질 젊은 조카들이 여행에 쫓겨 먹고 싶은 것을 마음껏 먹지 못하는 것이 안타까웠다.

넓은 매장에 조카들 입맛을 유혹할 먹을거리들이 층층이 진열되어 있었다. 입이 즐거운 여행을 하지 못한다는 암묵적인 규정에서 해방된 조카들은 이리저리 눈길을 돌리며 먹고 싶은 것들을 골랐다. 갈증을 씻어내리는 듯 맥주 서너 병도 바구니에 넣었다. 안주로 햄, 치즈, 과자, 과일 등도 챙겼다. 이것저것이 모여 바구니 하나를 채웠다. 조카들은 군것질 가능 상한선을 미리 예상해 놓은 듯 물건 고르기를 끝내고 계산대로 갔다.

계산대 언저리에는 저녁장을 본 손님들로 북적거렸다. 앞 손님들이 빠져나가자 바구니를 계산대에 올려놓았다. 계산을 끝낸 점원은 물건을 담을 봉지를 건네주었다. 그런데 그것은 비닐봉지가 아닌 종이봉지였다. 손잡이가 없는 종이봉지. 물건을 비닐봉지에 담을 것이라고 생각했던 나는 그 모습에 놀라지 않을 수 없었다. 물건을 사면 으레 비닐봉지에 넣어 주는 우리의 일상적 광경이 종이봉지와 상충했기 때문이다.

종이봉지가 비닐봉지를 밀어낸 뜻밖의 현장에서 만감이 교차했다. 과일과 같은 신선 식품을 판매하는 곳에서 종이봉지를 사용하는 일은 쉽지 않기 때문이었다. 물건을 살 때마다 비닐봉지에 담아 주는 우리의 일상적 모습과 종이봉지에 담아 주는 스위스 사람들의 일상적 모습, 이 둘 사이에는 좁힐 수 없는 커다란 의식의 차이가 있음을 느꼈다.

▲ 백조들의 저녁 무도회가 열릴 듯한 취리히 오페라 하우스

▲ 천천히 호숫가를 지나가는 트램

스위스 사람들도 비닐봉지의 편리함을 모를 리 없을 것이다. 그런데
도 이들이 비닐봉지를 사용하지 않고 종이봉지를 사용하는 까닭은 무
엇일까? 우문에 현답이랄까, 비닐과 플라스틱 쓰레기 문제이기 때문이
다. 이 문제를 해결하기 위해 비닐봉지 대신 종이봉지를 사용하는 것
이리라.

비닐·플라스틱이 생활의 모든 영역을 점령했다고 하더라도, 우리나
라에서 종이봉지가 아주 멸종한 것은 아니다. 책을 사거나 빵이나 과
자 등을 포장할 때 종이봉지를 쓰는 경우가 있다. 이것은 비닐·플라스
틱의 과다 배출에 따른 심각한 환경 오염을 줄이기 위한 대체 포장재
라고 할 수 있다. 종이류 포장재의 고군분투가 절망 속에서 그나마 한
가닥 희망의 빛으로 보이고 있는 실정이다. 지구를 오염의 벼랑으로

몰아가는 플라스틱 시대에 종이봉지는 환경 친화적인 기능을 발휘하기 위해 안간힘을 쓰고 있다.

비닐과 플라스틱은 일회용 포장재라는 기능에 충실하려는 듯, 한 번 사용되고 나면 바로 쓰레기가 된다. 합성수지인 이들 포장재는 생산량에 비해 재활용 비율이 매우 낮다. 따라서 아무리 분리 배출을 한다고 해도 엄청나게 쏟아져 나오는 쓰레기는 속수무책이다. 이 쓰레기는 태우거나 땅에 묻어야 하는데 그 특성상 태워도 문제, 묻어도 문제다. 태우면 공기를 더럽혀 지구 온난화를 촉진하고 묻으면 땅과 물을 오염시킨다. 땅과 물에서 기약도 없는 분해 시간을 기다리는, 가장 골치 아픈 쓰레기가 되는 것이다. 난지도 쓰레기 매립장과 인천 검단 쓰레기 매립장, 그리고 태평양에서 둥둥 떠다니는 거대한 다국적 쓰레기 섬은 썩지 않을 플라스틱 문명의 무덤들이다.

우리나라는 플라스틱 쓰레기 배출 최상위 국가에 속한다. 플라스틱을 가장 많이 사용하고 내버리는 국가인 것이다. 자랑스럽지 않은 일에 앞장서고 있으니 여간 답답한 일이 아니다. 당장 사용하는 데만 생각이 있지 사용 후에는 별로 신경을 쓰지 않는다.

비닐·플라스틱은 가볍고 질기고 수명이 길다. 이뿐만이 아니다. 녹슬거나 썩지도 않는다. 아직까지 이것을 능가하는 제품은 나오지 않고 있다. 앞으로도 이것을 대신할 제품은 나오기 힘들 것으로 보인다. 이렇게 편리한 혜택을 누려왔던 인류가 플라스틱 사용 후의 문제를 간과

한 것은 돌이킬 수 없는 실수다.

안타깝게도 현실적으로 이 문제를 완전히 해결할 수 있는 방법은 따로 없다. 사용을 줄이는 것 외에는 뾰족한 해결책이 없다. 일회용 비닐과 플라스틱 포장재 사용을 줄이겠다는 단호한 의지가 지금 당장 필요하다. 물건을 사러 가게나 시장에 갈 때 시장바구니와 음식이나 반찬 등을 담을 그릇을 가져가는 일은 환경 보호 의지를 잘 보여 주는 모습이라고 할 수 있다. 일회용 포장재를 다회용 그릇으로 바꾼다면 늘어나는 플라스틱 쓰레기를 줄이는 데 한몫할 것이다.

빼어난 자연환경에서 행복한 삶을 누리는 스위스 국민들이 비닐봉지 대신 재활용률이 아주 높은 종이봉지를 사용하는 것은 당연한 일이다. 일상생활에서 환경 오염을 예방하거나 최대한으로 줄여 강과 호수, 그리고 땅과 산 모든 국토를 청정하게 유지하고 관리하려는 의지의 표현이라고 할 수 있다. 스위스가 청정 국가라고 할지라도 비닐과 플라스틱 쓰레기 문제를 해결하지 못한다면 환경오염 국가로 전락할 수 있음을 어느 나라보다도 잘 알고 있을 것이다.

이와 관련하여 끔찍했던 일 하나가 있었다. 플라스틱하고는 사례가 다르지만, 1950년대 말 프랑스와 가까운 제네바의 레만 호수가 합성 세제에 오염되어 물속 생명체가 전멸해 죽음의 호수가 된 적이 있었다. 각고의 노력 끝에 예전처럼 맑은 호수로 되살린 이 사건은 스위스가 청정 국가로 일어서는 데 뼈아픈 교훈이 되었을 것이다. 취리히 식품점의 종이봉지는 어쩌면 그 참사를 잊지 않으려는 환경 보호 의지의 상징물이라고 할 수 있다.

종이봉지를 가슴에 안고 숙소로 돌아온 조카들, 꽃밭으로 꾸며진 정원 휴게소 탁자에 맥주와 안주 등을 올려놓았다. 종이봉지는 찢어진 곳 하나 없이 멀쩡했다. 우리에게 낯설었던 종이봉지는 제 몫을 다하고 재활용의 과정을 기다릴 것이다. 책과 신문, 잡지, 상자 등으로 다시 태어날 것이다. 잔마다 맥주가 찼다. 맥주 거품이 취리히 밤의 어둠에 섞여 시원하게 흘러내렸다.

43. 귀국하는 날, 드골공항에서 명상을 하다

8월 8일, 유럽 여행을 마치고 귀국하는 날. 취리히에서 아침 일찍 비행기를 타고 파리 드골공항에 도착했다. 인천행 비행기를 타려고 환승 절차를 마치고 나니 4시간이 남았다. 탑승장은 공간이 넓고 시야가 확 트여 전망이 좋았다. 활주로에서는 어디론가 떠나는 비행기들이 이

▲ 태풍의 눈처럼 고요한 스위스 산간 마을. 멀리 알프스 고봉들이 줄지어 있다.

륙해 이내 점으로 소멸했다. 우리는 탑승구 주변에 앉았다. 주위를 둘러보니 우리처럼 인천행 비행기를 기다리는 사람들이 많았다.

출국 전까지 4시간의 여유. 제법 긴 시간이다. 앉아만 있기에는 무료한 시간. 면세점을 구경하기로 했다. 프랑스를 대표하는 향수와 가방, 구두, 그리고 포도주를 세금 없이 파는 곳. 이들 상품에는 면세라는 혜택이 붙어 있지만 여전히 비싼 가격이었다. 선뜻 지갑을 열 수 없는 가격이었다.

향수 판매점에서 향기가 진동했다. 이곳은 판매 전략으로 향수병 뚜껑을 열어 냄새가 공항 전체로 퍼져나가도록 한 것 같았다. 냄새는 순식간에 코를 마비시켰다. 향수의 나라답게 온갖 모양의 병에 담긴 상품들이 여행객들의 코를 유혹하고 있었다. 병 모양이 아주 깜찍하고 세련되어 향수가 아닌 병만을 소장하려 향수를 구매하는 사람도 있을 듯싶었다. 그래도 향수는 향기가 먼저다. 병 속에 담긴 고농도 향수가 증폭 작용을 일으켜 터질 것만 같았다.

사람도 품성이 무르익으면 향수 같은 아름다운 향기를 풍길 수 있을까? 세상 사람들 중에 그런 사람은 얼마나 될까? 사람 향기 진하게 배어나는 위인을 한 번이라도 만날 수 있을까? 만날 날 기대하며 나는 꿀벌이 다리에 꽃가루를 묻히듯 온몸에 향수의 향을 묻혔다.

그 사이 함께 구경했던 가족들은 어디론가 발길을 돌렸다. 나는 나만의 동선을 찾아 여기저기 외톨이 걸음을 했다. 그럴 즈음, 통로 한쪽에서 석재 장식품 하나를 발견했다. 무엇인가 하고 보니 흰 돌 위에 문구가 새겨져 있었다. 영어와 프랑스어로 되어 있었는데 어록을 남긴 사람의 이름도 함께 쓰여 있었다. 프랑스의 저명한 조각가 나탈리 데코스터(Nathalie Decoster)였다. 공항에 그의 어록을 마련해 놓은 것으로 보아 공항과 관련이 있는 듯싶었다. 어록의 내용은 다음과 같았다. 'Une invitation au voyage spirituel, à la méditation et au rêve', 'An invitation to a spiritual journey, meditation and dream'. 이들 문구를 우리말로 옮기면 '영적인 여행, 명상, 꿈으로의 초대'라는 뜻이 된다. 여행을 마무리하는 곳에서 보석 같은 어록을 발견한 것은 큰 행운

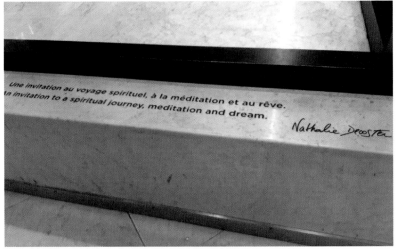

▲ 나탈리 데코스터의 어록이 새겨진 석재 장식품

이었다.

혼잡한 공항에서 마음을 정화하는 향수 같은 문구를 보니 한결 차분해진 느낌이었다. 한편으로는 공항에 이런 말을 새겨 놓은 프랑스 사람들이 부러웠다.

나탈리 데코스터의 말처럼, 우리는 유럽에서 영적인 여행을 했는지도 모른다. 한국에서 멀리 유럽으로 이동하여 여러 곳을 둘러보았다. 비록 네 나라 네 도시를 돌아본 것뿐이었으나, 고급의 정신문화를 체험한 것이어서 뿌듯함이 솟아올랐다. 귀국 후 여행의 모든 기억과 느낌들이 서로 어울려 숙성된다면 계량할 수 없는 영적인 부산물이 만들어질 것이다. 이것은 여행의 부가 가치인 셈이다.

여행의 과정은 느끼는 일이며 여행의 마무리는 다양한 느낌을 여러 가지 형태로 승화시키는 일이다. 낯선 언어, 낯선 문화 공간으로 옮겨 다니며 낯섦의 본질을 이해하는 비일상적인 과정이다. 잃어버렸던 나를 문득 새롭게 발견하는 특별한 과정이기도 하다. 평생 여행만 하면서 사는 사람은 없을 것이다. 그런 일은 부럽겠지만 날마다 하는 여행이기에, 또한 일반적인 삶의 범주에서 멀리 벗어난 일이기에 여행의 의미는 그리 크지 않을 것이다. 지루함의 연속일 수 있다. 여행의 가치는, 주어진 삶에 충실하면서 시간을 내어 어디론가 떠날 때 빛난다. 그럴 때 여행이 주는 설렘과 호기심의 심장박동수가 최고조에 이를 것이다. 그러니 여행 기대감이 한껏 부풀어 오를 때 일상의 울타리를 벗어나 일탈을 즐겨야 한다. 여행은 인생을 풍요롭게 한다. 여행이 없는 삶은 사막의 바람처럼 건조할 수 있다.

이번 여행에서 많은 것을 얻었다. 무엇보다도 새로운 느낌을 차곡차곡 챙겨 놓았다는 점에서 뿌듯하다. 나는 이것을 여행지 숙소에서 새벽마다 공책에 기록해 놓았다. 미처 기록해 놓지 못한 것은 사진과 머릿속에 따로 저장해 놓았다. 느낌은 꿀벌이 채취한 화밀과 같다. 꽃에서 나온 화밀은 바로 꿀이 되지 않는다. 발효와 같은 복잡한 화학 공정을 거쳐야 비로소 꿀이 된다. 내가 여행 과정에서 채취한 느낌은 벌의 꿀 만들기와 같은 과정을 거쳐야 글이 될 것이다. 글은 일회성 소모품이 아니다. 살아가는 데 농밀한 양분이 될 것이다. 평생 다양하게 작용하는 영적인 꿀이 될 것이다.

이번 유럽 여행에서 가족들의 협조와 단합이 그 어느 때보다도 빛났다. 무엇보다도 세대 차이를 극복하고 알찬 여행을 위해 서로 배려하는 마음이 돋보였다. 10대와 20대, 그리고 50대와 60대로 구성된 가족 여행단은 '가족'이라는 유대관계가 없었다면 구성이 힘들었을 것이다. 또래끼리 여행을 간다 해도 생각이 엉키면 어울림의 밀도가 급격히 떨어져 얼굴을 붉히는 경우가 있다. 우리는 비록 제한된 경비 탓에 여유 있는 여행을 하지는 못했지만, 마음을 조심스레 여미면서 모든 일정을 잘 소화했다. 여기에는 조카들의 성숙한 의식이 크게 작용했다. 불편을 불만으로 표출하기보다는 말없이 여행 과정으로 녹여 날마다 발걸음을 가볍게 한 점이 무척 대견스러웠다.

명상이 끝났다. 탑승구가 열렸다. 남은 것은 귀국 시간뿐. 출국 때 정성스레 준비한 여행 설렘을 도시마다 한 아름씩 바친 가족들, 보람과 감동을 가방에 가득 채웠으리라. 이륙 활주로에서 파리·프라하·비엔나·취리히의 진한 감동의 여운을 태우며 달려나가던 여객기, 육중한 상념의 동체를 하늘로 번쩍 들어올렸다.

스위스 취리히

| 참고 자료 |

국립문화유산포털.
김도환(1993), 《한국속담활용사전》, 한울아카데미.
나무위키.
독일어사전 《Duden》.
스위스 관광청.
스위스 융프라우 철도 기념 여권 한국어판.
스위스 융프라우 철도.
영화, 사운드 오브 뮤직.
오창훈 외 3인(2012), 《세계사》, (주)지학사.
한글학회(1992), 《우리말 큰사전》(4 옛말과 이두), 어문각.
Daum 국어사전.
Daum 백과사전.
Wiki백과.
Hougton Mifflin Company(1989), 《The American Heritage Dictionary》.
Staatliche Museen zu Berlin, Nationalgalerie.

http://en3.seoul.co.kr/news/newsView.php?id=20190305800024

https://bardland.tistory.com/534

https://blog.naver.com/chungchup/222431635185

https://blog.naver.com/gjqjfxl_1/222801576071

https://blog.naver.com/heeyk0405/222754706097

https://blog.naver.com/magicpink30/221406100776

https://blog.naver.com/orion0002/222817256309

https://blog.naver.com/sejongurc/222522925164

https://cafe.daum.net/jgjgpar/k8uH

https://en.wikipedia.org/wiki/Ferdinand_Georg_Waldm%C3%BCller

https://hemiliar.tistory.com/241

https://movie.daum.net/moviedb/contents?movieId=1856

https://namu.wiki/w/%EC%97%90%ED%8E%A0%20%ED%83%91

https://namu.wiki/w/Welcome%20to%20My%20World

https://news.v.daum.net/v/20110622212532014?f=o

https://terms.naver.com/entry.naver?cid=59014&docId=3567208&categoryId=59014

https://translate.google.co.kr

https://www.epnnews.com/news/articleView.html?idxno=1363

https://www.khan.co.kr/culture/scholarship-heritage/article/201104142201345

세느강에서 낯설게 생각을 벗다

초판 1쇄 인쇄 2023년 1월 20일
초판 1쇄 발행 2023년 1월 30일
지은이 방운규

펴낸이 김양수
책임편집 이정은
편집디자인 안은숙
교정 채정화

펴낸곳 도서출판 맑은샘
출판등록 제2012-000035
주소 경기도 고양시 일산서구 중앙로 1456(주엽동) 서현프라자 604호
전화 031) 906-5006
팩스 031) 906-5079
홈페이지 www.booksam.kr
블로그 http://blog.naver.com/okbook1234
이메일 okbook1234@naver.com

ISBN 979-11-5778-584-1 (03920)

* 이 책은 저작권법에 의해 보호를 받는 저작물이므로 무단전재와 무단복제를 금지하며, 이 책 내용의 전부 또는 일부를 이용하려면 반드시 저작권자와 도서출판 맑은샘의 서면동의를 받아야 합니다.
* 파손된 책은 구입처에서 교환해 드립니다.   * 책값은 뒤표지에 있습니다.
* 이 도서의 판매 수익금 일부를 한국심장재단에 기부합니다.

맑은샘, 휴앤스토리 브랜드와 함께하는 출판사입니다.